Echt griechisch!

DIE BESTEN FAMILIENREZEPTE
VON MAMA ANASTASIA

Echt griechisch!

DIE BESTEN FAMILIENREZEPTE VON MAMA ANASTASIA

Elissavet Patrikiou

Verantwortlich: Sonya Mayer
Text und Rezepte: Elissavet Patrikiou
Fotografie: Elissavet Patrikiou
Text- und Rezeptredaktion: Katharina Lisson
Korrektur: Petra Tröger
Umschlaggestaltung: Marcus Taeschner
Layout und Satz: Cettina Vicenzino
Herstellung: Vanessa Brunner
Repro: LUDWIG:media
Printed in Türkiye by Elma Basim

★★★★★

Sind Sie mit diesem Titel zufrieden? Dann würden wir uns über Ihre Weiterempfehlung freuen. Erzählen Sie es im Freundeskreis, berichten Sie Ihrem Buchhändler oder bewerten Sie bei Onlinekauf. Und wenn Sie Kritik, Korrekturen, Aktualisierungen haben, freuen wir uns über Ihre Nachricht an: Christian Verlag, Postfach 40 02 09, D-80702 München oder per E-Mail an lektorat@verlagshaus.de

Unser komplettes Programm finden Sie unter:

www.christian-verlag.de

Die Deutsche Nationalbibliothek verzeichnet diese Publikation in der Deutschen Nationalbibliografie; detaillierte bibliografische Daten sind im Internet über http://dnb.d-nb.de abrufbar.

2. Auflage 2024

Sonderausgabe des 2012 erschienenen Titels
Echt griechisch mit der ISBN 978-3-86244-136-5

ISBN 978-3-95961-545-7

ΒΡΑΣΤΟ ΛΟΥΚ 1.50
ΨΗΤΟ ΛΟΥΚ 2.00
ΣΟΥΒΛΑΚΙ ΜΟΝ. 1.50
ΣΟΥΒΛΑΚΙ ΔΙΠΛΟ 2.00
ΣΝΙΤΣΕΛ ΚΟΤΟΠ. 2.00
ΜΠΙΦΤΕΚΙ ΓΕΜΙΣΤ 2.00
ΠΑΝΣΕΤΑ 2.00
ΑΝΑΨΥΚΤΙΚΑ 1.00
ΜΠΥΡΑ ΚΟΥΤΙ 1.50
ΡΕΤΣΙΝΑ ΜΙΚΡΗ 1.50
ΡΕΤΣΙΝΑ ΜΕΓΑΛ
ΦΡΑΠΕ
ΝΕΣ ΚΑΦΕ
ΕΛΛΗΝΙΚΟΣ
ΤΣΙΠΟΥΡΟ ΣΚΕΤΟ 1.00

Inhalt

Vorwort

Von Christoph Kokott

Bevor ich das erste Mal mit Elissavet nach Griechenland reiste, dachte ich, die Mittelmeerküche im Allgemeinen zu kennen. Mein Wissen jedoch über die Kochkunst der Hellenen hatte sich bis dato auf die Angebote der hierzulande üblichen Lokale beschränkt – also häufig leider recht öltriefende und stark knoblauchlastige Fleisch- und Fischgerichte in überbordenden Portionen.

Offenbar stammen viele dieser Zubereitungen noch aus den Zeiten, in denen Griechen zur Gastarbeit hier ankamen und in Deutschland viel Fett und Fleisch als Zeichen von Wohlstand verstanden und Knoblauchwürze mit mediterraner Küche gleichgesetzt wurde.

Mit großer Freude habe ich daher vor Ort die Vielfalt und Qualität der echten griechischen Hausmannskost entdecken können, die so ganz anders ist, als es mir vorher geläufig war, und die auch für Vegetarier reichhaltig und abwechslungsreich ist. Zudem dient das Essen im Land der Olivenbäume nicht nur dem Zweck der Sättigung, sondern ist wichtiger Bestandteil des sozialen Miteinanders. Man kommt zusammen und redet, viele Kleinigkeiten stehen auf dem Tisch, von denen sich jeder nach Belieben nimmt. Salat und Brot sind eigentlich immer dabei und meist auch Oliven und Feta. So kann ein Essen schon mal lange Zeit in Anspruch nehmen, und es ist gar nicht immer wichtig, dass alles kochend heiß gegessen wird.

Daneben wird Gastfreundschaft großgeschrieben, immer und überall wird man nach wenigen Worten zu irgendeiner Kleinigkeit eingeladen, sei es Gebäck oder eine selbst gemachte Pita, die jede der Tanten etwas anders zubereitet.

Häufiges Gesprächsthema beim Essen: Essen. Die Planung für die nächsten Tage ist deswegen so wichtig, weil viele Zutaten und Gewürze tagesfrisch aus dem eigenen Garten kommen oder regional auf dem Markt gekauft werden. Erwähnt sei noch der schöne Brauch des gegenseitigen Schenkens von Selbstgebackenem oder Selbstgekochtem, wenn man sich besucht. So schätzen die Verwandten den Pflaumenkuchen von Elissavet, während wir jedes Mal eine ganze Reisetasche voller Spezialitäten der Familie mit nach Hause nehmen. So kann man an den anderen denken, wenn er schon fort ist, und wir nehmen immer ein Stück unserer zweiten Heimat mit nach Deutschland.

Einführung

Die Idee zu diesem Buch entstand bereits vor längerer Zeit – es war ein kleiner Traum von mir, Griechenland so zu zeigen, wie es wirklich ist. Die Menschen, die Kultur, die Lebensweise – das hat für mich als Fotografin nicht nur mit dem Sinn des Sehens zu tun, der Bildsprache, sondern auch viel mit dem Essen, dem Genuss. Auch wenn mir bewusst ist, dass die griechische Küche kein Land für Liebhaber der Haute Cuisine ist, liegt doch ihre Raffinesse in der Einfachheit der frischesten, oft selbst angebauten Zutaten und der wenigen sehr intensiven, teils auch wild wachsenden Gewürze und Kräuter. Bei aller anfänglichen Skepsis, den die Dorfbewohner, die Feldarbeiter, die Schafs- und Ziegenhirten mir entgegenbrachten – sie waren sehr herzlich und fanden sich selbst und den Ort doch nicht „wert" genug, um fotografiert zu werden, geschweige denn ein Buch darüber zu veröffentlichen. So wirklich verstanden haben sie es wohl nicht, was jetzt eine Fotografin aus Deutschland mit griechischen Wurzeln hier so wunderbar und schön findet ... Aber bereits nach kurzer Zeit kannten mich alle – meine Anwesenheit hatte sich herumgesprochen. Ich verbinde jedes Bild in diesem Buch mit einer kleinen Geschichte, einem Erlebnis – das macht es für mich so besonders. Den Ort, aus dem meine Familie kommt und den ich bis dahin schon so oft in meinem Leben besucht hatte, konnte ich jetzt aus einem ganz neuen Blickwinkel kennenlernen. Hunderte von Kilometern fuhr ich rund um mein Vathilakkos, entdeckte neue Dörfer oder eine neue Kapelle und vor allem eine ganz eigene Landschaft und ihre Stimmung. Es ist eine karge, ärmliche Landschaft und doch – oder vielleicht gerade deswegen – hat sie eine versteckte, mysteriöse Schönheit, die man erst auf den zweiten Blick erkennt. Das Dorf liegt im Norden Griechenlands, zwischen Kozani und Servia. Bekannt ist diese Gegend als Anbaugebiet des teuersten Gewürzes der Welt, des roten Safrans. Es war nicht nur die Umgebung, die mir auf eine neue Art noch viel näher und vertrauter wurde, sondern auch meine Familie und die Menschen dort. Die Rezepte stammen von ihnen, vor allem aber von meiner Mutter. Die meisten Zubereitungen sind sehr einfach und pur, so wie ich auch die Menschen, die Landschaft und das Leben dort beschreiben würde. Essen ist für mich Erinnerung an die gemeinsame Zeit, den Duft aus der Küche und den Geschmack auf der Zunge. All das bleibt im Kopf und im Herzen unvergesslich. Ich hoffe, ich habe Ihr Interesse für die echte griechische Küche geweckt, und kann Ihnen meine Liebe zu diesem Land und seinem besonderen Lebensgefühl näherbringen!

Ihre Elissavet Patrikiou

Lachaniká GEMÜSE

Griechenland ist ein Paradies für Gemüseliebhaber. Vor allem in kleineren Orten wird noch heute alles selbst angebaut und kommt frisch geerntet auf den Tisch. Hier wird nur das Gemüse und Obst gegessen, das gerade Saison hat. Jedes Gemüse hat seine Jahreszeit, umso größer ist jedes Jahr die Freude, es wieder frisch zu kochen und zu genießen. Gemüse wird bei uns auch gerne in Salz eingelegt oder zu Mus verarbeitet, damit man noch länger etwas von dem besonderen Geschmack hat.

Die sehr bergige Landschaft im Norden bietet einen großen Reichtum an Wildgemüse, die *chórta*, die meist gekocht zu schmackhaften Salaten zubereitet werden. Den noch warmen Kochsaft der *chórta* kann man – wie einen Tee – mit etwas Zitronensaft trinken. Da die Kräuter sehr vitamin- und mineralstoffhaltig sind, schwören viele Griechen darauf, sie als reinigendes Allheilmittel für den Körper zu nutzen. Die Vielfältigkeit der Sorten reicht von wildem Spinat bis zu Löwenzahn.

Alles, was man nicht selbst im Garten hat, kauft man auf den vielen Märkten, auf denen die Bauern lautstark und voller Stolz ihr frisch geerntetes Gemüse verkaufen. An jedem Tag der Woche ist irgendwo in der Nähe ein Markt. Durch die lauten und engen Marktgassen zu gehen, umhüllt von den verschiedensten Düften von Safran, Tomaten, Oliven und Zitronen – dieses Erlebnis erfasst alle Sinne und macht Lust auf mehr.

Patzária saláta

Rote-Bete-Salat

Für 4–6 Personen

1 kg Rote Bete
6 EL Olivenöl
4 EL Weinessig
2 Knoblauchzehen, geschält, Keim entfernt, fein gehackt
Salz

Zubereitungszeit: 1 Stunde 30 Minuten

Die Rote Bete gründlich waschen, die Wurzeln und Blätter entfernen. Die Blätter zur Seite legen. Die ganzen Knollen in einen Topf geben, mit reichlich Wasser auffüllen und zugedeckt zum Kochen bringen.

Nach 30 Minuten die Blätter hinzufügen und nochmals gut 20 Minuten köcheln lassen, bis Knollen und Blätter gar sind.

Die Rote Bete herausnehmen, schälen und in mundgerechte Stücke schneiden. Die Blätter grob zerkleinern und alles in eine Schüssel geben.

Das Öl mit dem Essig verrühren, den Knoblauch dazugeben und die Marinade salzen. Über das Gemüse geben, gut vermengen und etwas ziehen lassen.

Psomí me avgá ke féta

Eierbrot mit Feta

Für 6 Personen

8 Eier
300 g Feta
Salz
frisch gemahlener Pfeffer
Olivenöl zum Braten
12 kleine Scheiben altbackenes Weißbrot

Zubereitungszeit: 20 Minuten

Die Eier in eine Schüssel aufschlagen und mit Salz und Pfeffer verquirlen. Den Feta dazukrümeln und untermischen.

Das Olivenöl in einer Pfanne erhitzen.

Die Brotscheiben in der Ei-Feta-Mischung wenden und im Olivenöl goldgelb ausbacken. Das Öl nicht zu heiß werden lassen, sonst verbrennen die Brotscheiben.

Die Brote zum Entfetten auf Küchenpapier geben.

Das ausgebackene Brot schmeckt auch kalt mit einem Joghurtdip sehr gut. Dafür Joghurt mit etwas Salz und frisch gehackter Petersilie anrühren.

Kolokithákia me féta

Zucchiniröllchen mit Feta

Für 4 Personen

500 g Zucchini
250 g Feta
Olivenöl zum Braten
150 g Ziegenfrischkäse
½ Bund glatte Petersilie, grob gehackt
2 Knoblauchzehen, geschält, Keim entfernt, grob gehackt
1 TL getrockneter Oregano
Salz
frisch gemahlener Pfeffer

Zubereitungszeit: 1 Stunde 15 Minuten

Die Zucchini waschen, putzen und längs in etwa 3 Millimeter dicke Scheiben schneiden. Das geht am besten mit dem Gemüsehobel. Das Olivenöl in einer Pfanne erhitzen und die Zucchinischeiben von beiden Seiten darin braten, bis sie weich sind und etwas Farbe bekommen haben.

Den Feta mit dem Ziegenfrischkäse, der Petersilie und dem Knoblauch pürieren oder in einer Schüssel verrühren. Mit Oregano, Salz und Pfeffer abschmecken.

Den Backofen auf 180 °C vorheizen. Die Feta-Frischkäse-Mischung auf die Zucchinischeiben streichen und die Zucchini aufrollen. Oder einen Klecks auf die Zucchinischeiben geben und dann aufrollen. Die Röllchen mit Holzspießen befestigen.

Die Röllchen auf ein mit Olivenöl eingepinseltes Blech legen und im heißen Ofen 10–15 Minuten backen, bis der Käse leicht geschmolzen ist.

Dieses Gericht ist eine schmackhafte Beilage zu gebratenem und gegrilltem Fisch oder Fleisch.

Fasolákia me patátes
Grüner Bohneneintopf mit Kartoffeln

Für 6–8 Personen

1 kg frische grüne Bohnen
1 kg Kartoffeln
2 Zwiebeln
4 reife Fleischtomaten
1 Karotte
8 EL Olivenöl
3 EL fein gehackte glatte Petersilie
2 EL Tomatenmark
1 EL Paprikamus (siehe Rezept Seite 42 oder Fertigprodukt)
1 TL getrockneter Oregano
Salz
frisch gemahlener Pfeffer

Zubereitungszeit: 1 Stunde 30 Minuten

Die Bohnen waschen und putzen, also die Enden mit einem Messer abschneiden oder mit den Fingern abbrechen. Die Kartoffeln waschen, schälen und in grobe Stücke schneiden. Die Zwiebeln schälen und in Würfel schneiden. Die Tomaten und die Karotte waschen, die Tomaten ohne Stielansätze würfeln, die Karotte putzen und würfeln.

Das Olivenöl in einem Topf erhitzen. Zunächst die Zwiebeln glasig anbraten, dann die Bohnen und das übrige Gemüse, die Petersilie, das Tomatenmark und das Paprikamus hinzugeben und kurz anbraten. Etwa ½ Liter Wasser hinzugießen und das Gemüse mit Oregano, Salz und Pfeffer würzen.

Den Eintopf 50–60 Minuten bei geringer Hitze köcheln lassen, bis die Bohnen gar sind und die Sauce etwas eingedickt ist. Immer wieder umrühren und bei Bedarf noch etwas Wasser hinzugießen.

Das fertige Gericht in eine große Schüssel geben, mit Joghurt beträufeln und mit frisch gehackter glatter Petersilie bestreuen.
Wer möchte, kann auch klein geschnittenes Schweine- oder Lammfleisch mitkochen. Dafür zuerst das Fleisch anbraten und dann so verfahren wie oben beschrieben.

I mitéra mou
Meine Mutter

Sie kam in den Sechzigerjahren als typische Gastarbeiterin wegen der Armut in ihrem kleinen Heimatdorf Vathilakkos nach Deutschland. In die Fabrik. Ans Fließband. Eigentlich wollte sie nur so lange bleiben und so viel Geld verdienen, dass sie sich in ihrer Heimat etwas aufbauen kann – daraus wurden über 40 Jahre.
Ihr Traum war, einmal ein eigenes kleines Häuschen mit einem großen Garten zu besitzen. In Deutschland hatten wir keinen Garten, nur den grauen, kargen Hinterhof, in dem der Hausbesitzer seine Maler- und Lackierwerkstatt betrieb und seine Leitern, Farbeimer und Gerüstteile lagerte. Gleich nach unserem Einzug stellte meine Mutter dort einen Topf mit Strauchtomaten hin, sie konnte einfach nicht anders. Nachdem auch unsere kleine Wohnung in ein Gewächshaus voller Orchideen und vieler anderer Blumen verwandelt worden war, kamen zu den Tomaten im Hof noch diverse andere Gemüsesorten hinzu, die sie hegte und pflegte. Sie tat dies damals schon mit so viel Liebe und Hingabe, dass es ihr niemand versagen mochte. Eine kleine grüne Oase entstand.

Wenn die Tomaten noch ganz grün waren, legte meine Mutter sie gemeinsam mit vielen anderen selbst gezogenen Gemüsesorten in Salzlake ein. Unsere kleine Vorratskammer platzte fast. Sie war voller Regale mit Einmachgläsern, gefüllt mit säuerlichem *tursi* (eingelegtes Gemüse), verschiedenen Kompotten und Paprikamus bis hin zu zuckersüßen Marmeladen. Einmal schlich ich mich als Vierjährige in die Kammer mit den leckeren Köstlichkeiten und naschte so viel von den grünen Tomaten aus dem Glas, bis ich erwischt wurde. Hinterher war mir stundenlang furchtbar schlecht. Dennoch liebe ich bis heute den Geschmack der grünen Tomaten!

Damals arbeitete meine Mutter sehr viel und hart, die wenige Zeit, die uns zusammen blieb, verbrachten wir oft in der Küche. Ich genoss ihre Nähe und sah ihr gerne zu, wie sie unser Essen zubereitete. Sie erklärte mir immer wieder alles ganz genau, und so lernte ich schon früh, für uns zu kochen. Ich liebte die verschiedenen Düfte von gebratenem Feta, geschmorten Auberginen oder gefüllten Paprikaschoten aus dem Ofen.

Auch heute denke ich oft an meine Mutter, wenn ich – weit weg von ihr – nach ihren Rezepten koche. Und genieße dann jeden Bissen.

Turlú

Auberginen-Kartoffel-Eintopf

Für 6–8 Personen

1 kg kleine Auberginen
1 kg Kartoffeln
2 Zwiebeln
4 große Fleischtomaten
7 EL Olivenöl
4 Knoblauchzehen, geschält, Keim entfernt, fein gehackt
3 EL Tomatenmark
2 EL Paprikamus (siehe Rezept Seite 42 oder Fertigprodukt)
2 EL glatte Petersilie, klein gehackt
3 Lorbeerblätter
1 TL getrockneter Oregano
Salz
frisch gemahlener Pfeffer

Zubereitungszeit: 2 Stunden

Die Auberginen waschen und putzen. Die Kartoffeln schälen und beides in grobe Würfel schneiden. Die Zwiebeln schälen und in Würfel schneiden. Die Tomaten waschen und ohne die Stielansätze in Würfel schneiden.

Das Olivenöl in einem großen Topf erhitzen und die Zwiebeln darin glasig anbraten. Die Auberginen, die Kartoffeln und den Knoblauch hinzufügen und kurz mitbraten.

Das Tomatenmark, das Paprikamus und die Petersilie untermischen. Die Tomatenwürfel und etwa ¼ Liter Wasser dazugeben. Die Lorbeerblätter hinzufügen und den Eintopf mit Oregano, Salz und Pfeffer würzen.

Den Eintopf 50–60 Minuten köcheln lassen, bis das Gemüse weich und die Sauce etwas eingedickt ist.

Dieses Gericht heißt wörtlich übersetzt „Durcheinander", weil man früher einfach alle Reste zu einem leckeren Eintopf verarbeitet hat.

Spanakóriso
Spinatreis

Für 6 Personen

1,5 kg Spinat
½ kleine grüne Chilischote
4 kleine Lauchzwiebeln
7 EL Olivenöl
1 Zwiebel, klein gewürfelt
1 EL grob gehackte glatte Petersilie
1 ½ EL Tomatenmark
Salz
frisch gemahlener Pfeffer
200 g Reis

Zubereitungszeit: 1 Stunde

Den Spinat putzen, gründlich waschen und in grobe Stücke teilen. Die Chilischote waschen, putzen und in feine Ringe schneiden. Die Lauchzwiebeln waschen, putzen und ebenfalls in feine Ringe schneiden.

Das Olivenöl in einer Pfanne erhitzen und die Zwiebel darin anbraten. Die Lauchzwiebeln, die Chilischote und die Petersilie kurz mitbraten. Den Spinat hinzugeben und zusammenfallen lassen.

Das Tomatenmark mit etwas Wasser verrühren und zum Gemüse geben. Das Ganze kurz köcheln lassen und mit Salz und Pfeffer abschmecken.

Den Reis und etwa ½ Liter Wasser dazugeben. Alles etwa 30 Minuten leise köcheln lassen, bis der Reis gar ist. Bei Bedarf noch etwas Wasser dazugießen.

Piperiés gemistés me lachaniká

Rote Spitzpaprika mit Gemüse gefüllt

Für 6 Personen

10 rote Spitzpaprika
2 Zwiebeln, gewürfelt
8 EL Olivenöl
½ Bund glatte Petersilie, grob gehackt
2 Karotten, geraspelt
1 Aubergine, geraspelt
250 g Langkornreis
3 Knoblauchzehen, geschält, Keim entfernt, fein gehackt
2 EL Tomatenmark
2 EL rotes Paprikamus (siehe Rezept Seite 42 oder Fertigprodukt)
Salz
frisch gemahlener Pfeffer

Zubereitungszeit: 2 Stunden

Die Paprikaschoten waschen. Am Stielende mit einem scharfen Messer einen runden Deckel abschneiden und beiseitelegen. Die Schoten aushöhlen, also Samen und Scheidewände entfernen.

Für die Füllung die Zwiebeln in etwas heißem Olivenöl glasig anbraten, dann Petersilie, Karotten- und Auberginenraspel dazugeben und anschwitzen.

Den Reis, den Knoblauch, das Tomatenmark und das Paprikamus hinzufügen. Das Gemüse mit Salz und Pfeffer würzen und bei geringer Hitze köcheln lassen. Mit etwas Wasser ablöschen und weiterköcheln, bis der Reis noch etwas bissfest ist.

Den Backofen auf 180 °C vorheizen. Die Füllung mithilfe eines Teelöffels auf die Paprikaschoten verteilen. Die Paprikadeckel wieder draufsetzen. Eine ofenfeste Form mit etwas Olivenöl auspinseln und die Schoten hineinlegen. Mit dem übrigen Olivenöl beträufeln und etwa 75 Milliliter Wasser dazugießen.

Die gefüllten Paprikaschoten im heißen Ofen 50–60 Minuten schmoren, bis sie weich sind.

Sehr gut dazu passt Joghurt, der mit etwas Salz und frisch gehackter Minze angerührt wird.

Chórta

Salat aus Wildkräutern

Für 6–8 Personen

1 kg Wildkräuter (z. B. Löwenzahn, Brennnessel, Sauerampfer)
Salz
1½ Zitronen
7 EL Olivenöl
Salz

Zubereitungszeit: 30 Minuten.
Kühlzeit: 40 Minuten

Den Salat gründlich waschen und in ganz grobe Stücke teilen.

Reichlich Wasser in einem großen Topf zum Kochen bringen und salzen. Den Salat darin kurz weich kochen, er darf nicht matschig werden.

Den Salat in ein Sieb abgießen und abtropfen lassen. Etwa 40 Minuten abkühlen lassen, dann mit den Händen das überschüssige Wasser ausdrücken.

Die Zitronen auspressen und den Saft mit dem Olivenöl und Salz zu einer Marinade verrühren. Die Marinade über den Salat gießen und gut vermischen.

Den Salat kann man auch gut einen Tag vorher zubereiten. Die Marinade aber erst kurz vor dem Servieren darübergeben. Dieser Salat passt sehr gut zu gebratenem Fisch. Wenn man keine frischen Wildkräuter bekommt, kann man auch gut Mangold oder Endiviensalat verwenden.

Trachanás me psomí

Weizenschrotsuppe mit Brot

Für 4 Personen

200 g *trachaná* (Weizenschrot)
4 Scheiben Weißbrot, grob gewürfelt
Salz
1 Zitrone
7 EL Olivenöl
2 TL getrockneter Oregano
frisch gemahlener Pfeffer

Zubereitungszeit: 30 Minuten

In einem Topf 1 Liter Wasser zum Kochen bringen, salzen und den *trachaná* darin 5–7 Minuten köcheln, bis er gar ist.

Die Zitrone auspressen und den Saft zum fertigen *trachaná* geben.

Das Olivenöl in einer Pfanne erhitzen und die Brotwürfel darin goldbraun braten. Mit Oregano, Salz und Pfeffer würzen.

Den *trachaná* auf Suppenteller verteilen und mit dem gerösteten Brot anrichten.

Dieses „Armeleuteessen" wird bei uns vorwiegend im Winter gegessen. *Trachaná* wird meist aus geschrotetem Hartweizen, Schafsjoghurt oder gesäuerter Milch hergestellt. Man bekommt ihn in gut sortierten griechischen Supermärkten.

Revithósoupa

Kichererbsensuppe

Für 6 Personen

500 g getrocknete Kichererbsen
2 Zwiebeln, fein geschnitten
½ Bund glatte Petersilie, grob gehackt
Salz
2 Zitronen
20 g Mehl
6 EL Olivenöl
frisch gemahlener Pfeffer

Zubereitungszeit: 1 Stunde 20 Minuten. Einweichzeit: 1 Nacht

Die Kichererbsen über Nacht in reichlich kaltem Wasser einweichen.

Die Kichererbsen in ein Sieb abgießen, kalt abspülen und in einen großen Topf geben. 2,5 Liter Wasser dazugeben und zum Kochen bringen. Den Schaum abschöpfen, die Zwiebeln und die Petersilie hinzufügen, salzen und alle Zutaten gut 1 Stunde köcheln lassen.

Die Zitronen auspressen und den Saft mit dem Mehl verrühren. Etwas Kochwasser hinzufügen.

Den Topf von der Herdplatte nehmen und die Zitronen-Mehl-Mischung unter das Gemüse rühren.

Zum Schluss das Olivenöl darüberträufeln und die Suppe mit Salz und Pfeffer abschmecken.

Simarikà me jaoúrti

Nudeln mit Joghurtsauce

Für 6 Personen

800 g Nudeln (am besten griechische Bandnudeln)
500 g griechischer Joghurt (10% Fett)
Salz
2 Zwiebeln
5 EL Olivenöl
frisch gemahlener Pfeffer
200 g Kirschtomaten

Zubereitungszeit: 30 Minuten

Den Joghurt etwas salzen und cremig rühren.

Die Zwiebeln schälen und in feine Streifen schneiden. Das Olivenöl in einem Topf erhitzen und die Zwiebeln darin glasig anbraten. Mit Salz und Pfeffer würzen.

Die Nudeln in Salzwasser nach Packungsangabe bissfest kochen, abgießen, abtropfen lassen und mit den Zwiebeln und dem Joghurt gut vermischen. Die Kirschtomaten waschen und halbieren.

Die Nudeln mit der Joghurtsauce auf einer großen Platte oder auf Tellern anrichten und mit den halbierten Kirschtomaten garnieren.

Dieses einfache Essen ist typisch für die griechische Bauernküche, denn Olivenöl, Getreide und Joghurt gehören zu den Grundnahrungsmitteln, die es fast immer gab und gibt. In gut sortierten griechischen Läden gibt es verschiedene Sorten getrocknete griechische Bandnudeln, meist sind sie aus Weizenmehl gemacht. Man kann aber auch gut andere Nudeln verwenden.

Sáltsa apo kokkinés piperiés

Rotes Paprikamus

Für 3 Gläser (je ½ Liter)

2 kg rote Spitzpaprika
2 TL Salz
7 EL Olivenöl

Zubereitungszeit: 20 Minuten.
Trockenzeit: 5 Stunden

Die Paprikaschoten waschen, Samen und Scheidewände entfernen und das Fruchtfleisch in grobe Stücke schneiden. Mit dem Salz und dem Olivenöl im Mixer zu einer cremigen Paste verarbeiten.

Man kann das Mus jetzt schon in heiß ausgewaschene Einmachgläser füllen. Vor dem Schließen noch mit etwas Olivenöl bedecken und im Kühlschrank aufbewahren.

Sehr viel geschmacksintensiver wird das Mus aber, wenn man es nach dem Mixen in eine Form gibt und mindestens 5 Stunden abgedeckt in der warmen Sonne stehen lässt. Dabei immer wieder gut durchrühren, damit das Mus nicht eintrocknet. Diese Variante lässt sich nur in Sommermonaten mit mindestens 25 °C Außentemperatur machen.

Das sonnengetrocknete Paprikamus hält – auch im geöffneten Glas – mindestens 5 Monate im Kühlschrank. Wichtig ist, dass immer eine kleine Ölschicht auf der Oberfläche ist. Das Paprikamus kann man auf geröstetes Brot streichen oder zum Würzen verwenden. Es passt besonders gut zu allen Gerichten, in denen Tomaten enthalten sind.

I giagiá mou

Meine Oma

Sie trägt seit dem Tod von meinem Opa Schwarz – also schon fast 30 Jahre. Aus Respekt vor ihm und ihrer gemeinsamen Zeit. Sie hat trotz ihrer 95 Jahre noch immer wunderschöne lange, silberglänzende Haare, zum Zopf gebunden, darüber ein schwarzes Kopftuch. Und tagein, tagaus auch eine Schürze um, schließlich gibt es ja ständig was zu tun! Trotz ihrer oft sehr melancholischen Art sieht sie immer noch wie ein kleines Mädchen aus, wenn sie lächelt, mit ihren frischen rosa Bäckchen.

Den Haushalt machen, für sich selbst das Essen kochen, das lässt sie sich bis heute nicht nehmen. Es ist mir oft ein Rätsel, woher diese unglaubliche Energie und Stärke kommen, obwohl – oder vielleicht auch gerade weil – sie schon so viel, eigentlich zu viel in ihrem Leben gesehen und erlebt hat, vieles auch mit bitterem Geschmack.

Es rührt mich oft nichts mehr an als die Momente, wenn ich auf ihrem Sofa sitze und sie dabei beobachte, wie sie mit ihren starken, jetzt etwas zittrigen Händen am Küchentisch sitzt und mit einem kleinen, alten Messer eine Kartoffel oder Zwiebel schält. Und immer besteht sie darauf, dass ich zum Essen bleibe.

Ich denke, für sie war und ist Essen mit der Familie, der Augenblick der Zubereitung und die Gemeinsamkeit das Größte und Wertvollste, was es auf der Welt gibt. Sie kann stundenlang davon erzählen, was sie wann und warum gekocht hat, und man hat bei ihrer Art zu erzählen förmlich den Geschmack auf der Zunge. Die meisten Gerichte hat sie früher in ihrem alten Steinofen im Garten zubereitet; sobald der Duft ihres frisch gebackenen Brotes durch das Haus wehte, wusste jeder: jetzt ist Essenszeit!

Bis heute kommt auch kein Gast um die Pflicht herum, ihr zu bestätigen, dass sie das beste Brot und natürlich die besten *keftédes* weit und breit macht. Den selbst verliehenen Titel der *keftédes*- und Brotkönigin wird ihr auch niemals jemand streitig machen können – auch in 100 Jahren nicht!

ΤΗΛ 34-582

ΗΛ 34-582

Kolokithokeftédes
Zucchiniküchlein

Für 6–8 Personen

1 kg Zucchini
3 kleine Lauchzwiebeln
Salz
1 Knoblauchzehe, geschält, Keim entfernt, fein gehackt
3 Eier
1 geriebener Zwieback
1 EL frisch gehackte Minze
frisch gemahlener Pfeffer
4–5 EL Mehl
Olivenöl zum Braten

Zubereitungszeit: 50 Minuten

Die Zucchini waschen und putzen, grob raspeln, salzen und einige Minuten stehen lassen. Die Lauchzwiebeln waschen, putzen, trocken tupfen und in feine Ringe schneiden. Die Zucchiniraspel mit den Händen gut ausdrücken und in einer Schüssel mit den Lauchzwiebeln, dem Knoblauch, den Eiern, dem Zwieback und der Minze vermischen, mit Salz und Pfeffer würzen.

Nur so viel Mehl unterrühren, bis der Teig so fest ist, dass man ihn mithilfe eines Esslöffels in die Pfanne geben kann. Teig portionsweise in die Pfanne geben und die Küchlein im heißen Öl goldbraun ausbacken. Auf Küchenpapier entfetten.

Wer möchte, kann dieses Gericht mit Joghurt und Brot servieren. Wer es etwas pikant mag, mischt 1 gestrichenen Teelöffel scharfes Paprikapulver unter den Teig.

Elaiólado me mirodiká

Olivenöl mit Gewürzen

Für 1 Liter Öl

6 weiße Pfefferkörner
6 schwarze Pfefferkörner
3 Knoblauchzehen, geschält, Keim entfernt
4 kleine Chilischoten, leicht zerdrückt
3 frische Zweige Oregano
1 frischer Zweig Rosmarin
1 l Olivenöl

Zubereitungszeit: 15 Minuten. Ruhezeit: 10 Tage

Alle Gewürze und Kräuter in eine gut verschließbare Flasche geben und das Olivenöl dazugießen.

Das Öl mindestens 10 Tage an einem kühlen und dunklen Ort ziehen lassen. Nach dem Verzehr immer gut verschließen und wieder kühl und dunkel lagern.

Das gewürzte Olivenöl eignet sich hervorragend für Salate. Es kann auch über kurz gebratenes Fleisch oder Fisch oder über Feta oder frisches Brot geträufelt werden. Gut schmeckt das Öl auch zu den Zucchiniröllchen (siehe Seite 22) oder den Nudeln mit Joghurtsauce (siehe Seite 40).

Melintzánes saganáki

Auberginentöpfchen

Für 6 Personen

500 g kleine Auberginen
Salz
10 EL Olivenöl
400 g reife Tomaten
1 Zwiebel, fein gehackt
3 Knoblauchzehen, geschält, Keim entfernt, fein gewürfelt
½ Bund glatte Petersilie, fein gehackt
frisch gemahlener Pfeffer
250 g geriebener griechischer Hartkäse (z. B. Kefalotiri)

Zubereitungszeit: 1 Stunde.
Ruhezeit: 30 Minuten

Die Auberginen waschen, putzen und in etwa 5 Millimeter dicke Scheiben schneiden. Gut salzen und 30 Minuten abgedeckt ziehen lassen.

Das Olivenöl in einer Pfanne erhitzen und die Auberginen darin braten, bis sie etwas Farbe bekommen und weich sind. Die Tomaten waschen und ohne die Stielansätze in Würfel schneiden.

Den Backofen auf 180 °C vorheizen.

Die Tomaten, die Zwiebel, den Knoblauch und die Petersilie gut miteinander vermischen und mit Salz und Pfeffer würzen.

Sechs kleine ofenfeste Förmchen gut mit Olivenöl einpinseln und in jedes etwas Tomatenmischung geben. Eine gebratene Auberginenscheibe darauflegen und auf diese Weise weiterschichten, bis die Tomatenmischung und die Auberginen aufgebraucht sind.

Mit dem Käse bestreuen und im heißen Ofen etwa 20 Minuten backen.

Wer möchte, kann dieses Gericht anstatt mit Hartkäse auch mit Feta überbacken.

Kritharáki sto foúrno

Griechische Nudeln aus dem Ofen

Für 6 Personen

500 g *kritharáki* (kleine reisförmige Nudeln)
7 EL Olivenöl
2 Zwiebeln, gewürfelt
4 Fleischtomaten
2 Knoblauchzehen, geschält, Keim entfernt, fein gehackt
1 EL Tomatenmark
Salz
frisch gemahlener Pfeffer

Zubereitungszeit: 1 Stunde 20 Minuten

Das Olivenöl in einem Topf erhitzen und die Zwiebeln darin anschwitzen. Die *kritharáki* dazugeben und kurz unter Rühren anschwitzen. Die Tomaten waschen und ohne Stielansätze in Würfel schneiden.

Die Tomaten, den Knoblauch, das Tomatenmark und etwa ¾ Liter Wasser dazugeben. Mit Salz und Pfeffer würzen und 15 Minuten köcheln lassen.

Den Backofen auf 180 °C vorheizen.

Die *kritharáki* in eine ofenfeste Form füllen und etwa 40 Minuten im heißen Ofen schmoren. Während der Garzeit immer mal wieder umrühren. Falls nötig, etwas Wasser dazugießen. Die Nudeln müssen weich und die Flüssigkeit komplett aufgesogen sein.

Mit gesalzenem, cremig gerührtem Joghurt und grünem Salat servieren. Das Gericht schmeckt auch mit Lammfleisch. Dazu wie oben beschrieben verfahren, klein geschnittenes Lammfleisch scharf anbraten und mit den *kritharáki* in die Form geben.

Briám

Zucchini und Kartoffeln im Ofen geschmort

Für 8–10 Personen

1 kg Kartoffeln
1 kg kleine Zucchini
6 große Fleischtomaten
12 EL Olivenöl
3 Zwiebeln, in feine Streifen geschnitten
4 Knoblauchzehen, geschält, Keim entfernt, fein gehackt
1 Bund glatte Petersilie, grob gehackt
3 EL Tomatenmark
2 TL getrockneter Oregano
Salz
frisch gemahlener Pfeffer

Zubereitungszeit: 2 Stunden

Die Kartoffeln waschen, schälen und in mitteldicke Scheiben schneiden. Die Zucchini waschen, putzen und in etwa genauso dicke Scheiben schneiden. Die Tomaten waschen und ohne Stielansätze grob würfeln.

Das Olivenöl in einem Topf erhitzen und die Zwiebeln anschwitzen. Den Knoblauch und die Petersilie zugeben und kurz mit anbraten. Die gewürfelten Tomaten und das Tomatenmark dazugeben und alles aufkochen.

Mit Oregano, Salz und Pfeffer abschmecken, 300 ml Wasser hinzugießen und die Sauce etwa 20 Minuten köcheln lassen.

Eine ofenfeste Form gut mit Olivenöl einfetten. Den Backofen auf 180 °C vorheizen.

Zunächst eine Schicht Kartoffelscheiben in die Form geben, dann eine Schicht Zucchinischeiben. Mit der Hälfte der Tomatensauce übergießen und das Ganze nochmals wiederholen.

Den Auflauf etwa 1 Stunde im heißen Ofen schmoren, bis das Gemüse weich und gut mit der Sauce durchgezogen ist.

Bacharikà kai vótana
Gewürze und Kräuter

In der griechischen Küche finden in der Regel nur wenige Gewürze bei der Zubereitung der Speisen Verwendung. Neben Salz und Pfeffer ist Oregano das wichtigste Würzmittel. Wilder Oregano wächst meist auf trockenen Wiesen oder an Böschungen mit stark kalkhaltigem Boden, sein Name bedeutet: „Schmuck der Berge".
Nicht nur wegen seines Geschmacks, sondern auch aufgrund des hohen Gehalts an ätherischen Ölen und Vitaminen wird er wie viele andere Gewürze auch seit mehr als 400 Jahren in der mediterranen Küche verwendet.
Bei uns im Dorf duften die Gärten nach vielen Kräutern aus aller Welt. Meine Mutter pflanzt neben dem schon erwähnten Oregano auch Petersilie, Lorbeer, Chilischoten und diverse Wildkräuter sowie Basilikum an. Dieser steht auf fast jeder Terrasse zur Mückenabwehr; er soll außerdem Unheil fernhalten, wenn man beim Vorbeigehen mit den Händen über seine Blätter streicht.
Gerade weil in unserer Küche so wenige Zutaten zum Kochen eingesetzt werden, ist die Qualität jeder einzelnen extrem wichtig; dafür ist der Selbstanbau natürlich die beste Garantie.
Ich nehme mir bei jedem Griechenlandbesuch selbst angebauten und getrockneten Oregano aus dem Garten meiner Mutter mit. Selbst nach Monaten versprüht er noch seinen würzig-intensiven Duft, jedesmal, wenn ich die Vorratsdose öffne.
Allgemein wird in den meisten griechischen Küchen nicht besonders scharf gewürzt, je nach Geschmack werden aber scharfe bis extrem scharfe Beilagen gereicht wie frische oder getrocknete Chilischoten oder Zwiebeln.
Meine Mutter liebt als „Beilage" zu einem guten Essen ihre kleinen, selbst gezogenen grünen Chilischoten – sie sind so scharf, dass ein Ungeübter nach nur einem Bissen erst einmal nichts mehr anderes schmeckt.
Viele Namen von Kräutern und Gewürzen stammen übrigens aus der griechischen Mythologie, in der sich zahlreiche Sagen um Pflanzen und Kräuter ranken: So heißt beispielsweise Lorbeer auf Griechisch „Dáfni". Die Nymphe Daphne verwandelte sich in einen Lorbeerstrauch, um den Nachstellungen Apolls zu entkommen. Dieser trug dann als Zeichen seines Kummers und als Symbol seiner unerwiderten Liebe einen Kranz aus Lorbeerzweigen.

Mezédes MEZEDES

Die kleinen Häppchen werden meistens kalt gegessen und sind daher auch sehr gut für eine größere Runde geeignet, weil man alles in Ruhe vorbereiten kann. Für ein typisch griechisches Essen sind sie unentbehrlich – alle sitzen gemeinsam an einer großen, reich gedeckten Tafel und jeder nimmt sich über den ganzen Abend hinweg, worauf er Lust und Appetit hat.

Alle Speisen kommen auf kleinen Tellern oder in Schüsseln gleichzeitig auf den Tisch. Dazu gibt es immer frisches Brot. Ein paar Servietten und kleine Gabeln dazu, Retsina oder eiskalten Ouzo zum Trinken. Als Tischdekoration dient immer nur das Essen selbst! Es wird stundenlang, oft bis tief in die Nacht gegessen, getrunken und diskutiert.

Alle Gerichte in diesem Buch sind nach Geschmack miteinander kombinierbar; so kann man auch die Rezepte für Fisch, Fleisch und Gemüse in kleineren Mengen zubereiten und zusammen mit den klassischen *mezédes* in diesem Kapitel reichen.

Brouskétes me sardéles

Bruschetta mit Sardinen

Für 6–8 Personen

Für die eingelegten Sardinen:
1 kg kleine, frische Sardinen
Salz
600 ml Weinessig
Für die Bruschetta:
3 Knoblauchzehen
3 große Fleischtomaten
1 Lauchzwiebel, in feine Ringe geschnitten
1 Bund glatte Petersilie, fein gehackt
4 EL Olivenöl
Salz
frisch gemahlener Pfeffer
12 kleine Scheiben Weißbrot

Zubereitungszeit: 1 Stunde. Marinierzeit: 1 Nacht

Die Sardinen gründlich säubern, filetieren und entgräten. In eine Schale schichten, dabei jede Schicht mit Salz würzen. Mit dem Essig begießen und zugedeckt über Nacht ziehen lassen. Wichtig ist, dass alle Filets gut mit dem Essig bedeckt sind!

Am nächsten Tag zwei Knoblauchzehen schälen, den Keim entfernen und die Zehen fein hacken. Die Tomaten waschen und ohne die Stielansätze in Würfel schneiden. Knoblauch, gewürfelte Tomaten und Lauchzwiebelringe vermischen.

Petersilie, Olivenöl, Salz und Pfeffer zugeben und gut durchziehen lassen.

Das Weißbrot auf dem heißen Grill oder in einer Grillpfanne kurz rösten. Die übrige Knoblauchzehe schälen und die gerösteten Weißbrotscheiben damit einreiben.

Die Tomatenmischung gleichmäßig auf den Broten verteilen und mit den Sardinen belegen.

Ein tolles, leichtes Gericht für einen heißen Sommertag. Mit einem kühlen Ouzo auf Eis genießen.

Taramokeftédes
Fischrogenküchlein

Für 4–6 Personen

150 g roter Forellenkaviar
1 Zwiebel, fein gewürfelt
½ Bund glatte Petersilie, klein gehackt
frisch gemahlener Pfeffer
etwa 200 g Mehl
100 ml Olivenöl zum Ausbacken

Zubereitungszeit: 1 Stunde

Den Fischrogen in ¼ Liter Wasser auflösen. Die Zwiebelwürfel und die Petersilie dazugeben und die Mischung mit dem Pfeffer würzen. Nun so viel Mehl unterkneten, dass sich aus der Masse kleine, runde Frikadellen formen lassen.

Das Olivenöl in einer Pfanne erhitzen.

Die Frikadellen in etwas Mehl wenden und im heißen Olivenöl goldbraun ausbacken.

Wer möchte, kann frische Zitronenspalten dazu servieren.

TAVERNA

Skordaliá
Knoblauchcreme

Für 6–8 Personen

5 Knoblauchzehen
400 g mehligkochende Kartoffeln
1 Zitrone
Salz
100 ml Öl

Zubereitungszeit: 20 Minuten. Marinierzeit: 3–4 Stunden

Die Kartoffeln waschen und in einem Topf mit Wasser bedecken. Das Wasser zum Kochen bringen und salzen. Die Kartoffeln darin etwa 30 Minuten kochen, bis sie weich sind.

Etwas abkühlen lassen, pellen und durch die Kartoffelpresse drücken. Den Knoblauch schälen, den Keim entfernen und die Zehen zum Kartoffelmus pressen. Die Zitrone auspressen und den Saft unterrühren. Salzen, das Öl hineingießen und alle Zutaten mit dem Pürierstab zu einer geschmeidigen Creme verarbeiten.

Diese Creme passt sehr gut als Dip zu Kartoffeln und Fisch.

Dolmádes
Gefüllte Weinblätter

Für 8–10 Personen

etwa 60 frische Weinblätter
Salz
10 EL Olivenöl
2 Zwiebeln, fein gewürfelt
200 g Schweinehackfleisch
200 g Langkornreis
1 EL Tomatenmark
3 Knoblauchzehen, geschält, Keim entfernt, fein gehackt
2 EL Paprikamus (siehe Rezept Seite 42 oder Fertigprodukt)
frisch gemahlener Pfeffer
1 EL fein gehackte frische Minze
2 EL fein gehackte glatte Petersilie
1 Zitrone

Zubereitungszeit: 2 Stunden 30 Minuten

Die frischen Weinblätter waschen und in reichlich Salzwasser kurz blanchieren. 6 Esslöffel Olivenöl erhitzen und die Zwiebeln darin glasig braten, den Knoblauch und das Hackfleisch dazugeben und kurz anbraten. Den Reis, das Tomatenmark und das Paprikamus mit dem Pfeffer und den Kräutern hinzugeben. Unter Rühren kurz anbraten, mit etwa ¼ Liter Wasser ablöschen und köcheln, bis der Reis bissfest ist.

Je 1 Weinblatt mit der Innenseite nach oben auf die Arbeitsfläche legen. Auf jedes Blatt 1 Teelöffel Füllung geben und die Blätter zuerst von der Stielseite her umschlagen, dann die beiden Seiten umklappen und fest umwickeln, dass kleine Röllchen entstehen.

Den Boden eines großen Topfes mit einer Lage Weinblättern auslegen. Die gewickelten *dolmádes* ordentlich und dicht aufeinanderschichten. So viel Wasser dazugießen, dass die *dolmádes* gerade bedeckt sind. Die Zitrone auspressen, den Saft mit dem übrigen Olivenöl mischen und darübergeben. Die *dolmádes* mit einem Teller beschweren und ohne Deckel 50–60 Minuten köcheln lassen, bis der Reis weich ist. Bei Bedarf noch etwas Wasser hinzugeben.

Die gefüllten Weinblätter im Topf kurz auskühlen lassen, dann lauwarm oder kalt servieren.

Wir essen die *dolmádes* als Vorspeise oder nach einer Suppe, zum Beispiel nach der Kichererbsensuppe (siehe Seite 38), mit etwas Brot und Joghurt. Wer keine frischen Weinblätter bekommt, kann auch die in Salzlake eingelegten nehmen. Diese vorher gut abspülen und gleich verarbeiten.

Dolmádes
Gefüllte Weinblätter

Um früher im Dorf meiner Mutter überhaupt heiratsfähig zu sein, musste man als Frau gut kochen können. Und so haben die Töchter damals schon früh im Haushalt und insbesondere in der Küche helfen müssen. Eine der Künste war und ist es noch heute, die perfekten *dolmádes* zu wickeln: akribisch gerollt und mit einer gewürzten Reisfüllung gehören sie bis heute zum Aushängeschild einer jeden guten griechischen Küche.

Das Kochen, die unterschiedliche Zubereitung und Würze sind eine ernste Angelegenheit. Bis heute kommt es beinahe jedes Mal zum Eklat, wenn meine Mutter mit einer ihrer Schwestern gemeinsam die Weinblätterröllchen wickelt – jede besteht darauf, das beste Rezept, die bessere Technik zu haben, da verstehen griechische Frauen keinen Spaß! Aber wenn dann die *dolmádes* nach stundenlanger Arbeit endlich im großen Topf vor sich hin köcheln, ist alles wieder gut und vergessen. Bis zum nächsten Mal.

Auch mir hat meine Mutter schon von klein auf das Kochen und natürlich die Zubereitung der *dolmádes* beigebracht. Ein noch warmes, selbst gemachtes *dolmadáki* direkt aus dem Topf gegessen ist für mich einer der größten Genüsse!

Jaoúrti

Selbst gemachter Joghurt

Für 8–10 Portionen

6 EL griechischer Joghurt (10% Fett)
3 l frische Vollmilch

Zubereitungszeit: 30 Minuten.
Ruhezeit: 5–6 Stunden

Die Milch in einem großen Topf kurz aufkochen. Vom Herd nehmen und etwas abkühlen lassen, sodass man gerade gut den Finger hineinhalten kann.

Ein halbes Glas von der Milch abnehmen und mit dem Joghurt vermischen. Die Mischung zu der restlichen Milch geben. Den Topf an einem warmen Ort gut abgedeckt 5–6 Stunden stehen lassen, bis die Milch gestockt ist.

Um eine noch festere Konsistenz zu bekommen, kann man den Joghurt fest in ein Tuch gewickelt einige Stunden aufhängen und abtropfen lassen. Dann schmeckt er noch cremiger und ist optimal für die Zubereitung von *tzatzíki*.

Chtapódi psitó

Gegrillter Oktopus

Für 6 Personen

1 kg küchenfertiger Oktopus im Ganzen
½ l trockener Weißwein
Salz
1 TL getrockneter Oregano
1 TL getrockneter Thymian
frisch gemahlener Pfeffer
Olivenöl zum Braten
2 Zitronen
6 EL Olivenöl
3 Knoblauchzehen, geschält, Keim entfernt, fein gehackt
nach Belieben Salatblätter und Zitronenviertel zum Garnieren

Zubereitungszeit: 1 Stunde. Abkühlzeit: 3 Stunden

Den Wein in einen großen Topf geben. So viel Wasser dazugeben, dass der Oktopus später gut bedeckt ist. Die Flüssigkeit salzen und zum Kochen bringen.

Den Oktopus waschen und in der Wasser-Wein-Mischung 20 Minuten leise köcheln lassen. Anschließend im Kochsud etwa 3 Stunden abkühlen lassen.

Herausnehmen, gut abtropfen lassen und in mundgerechte Stücke schneiden. In einer Schüssel mit den Kräutern, Salz und Pfeffer vermischen.

Das Olivenöl zum Braten in einer Grillpfanne erhitzen und den Oktopus darin auf jeder Seite 3–5 Minuten knusprig braten.

Die Zitronen auspressen und den Saft mit dem Olivenöl und dem gehackten Knoblauch vermischen.

Den Oktopus auf einem Teller anrichten und mit der Marinade beträufeln. Nach Belieben mit etwas Salat und Zitronenvierteln garnieren.

Bei uns im Dorf wird der Oktopus auch gern über offenem Feuer beziehungsweise über Holzkohle knusprig gegrillt.

I patrida
Heimat

Es ist immer die gleiche Zeremonie des Ankommens: Sobald ich ins Dorf fahre, sehe ich als Erstes das Haus von meiner geliebten Oma. Dann stehe ich vor ihrem türkis gestrichenen Gartenzaun, neben einem Feigenbaum – der, so scheint es, seine Äste bis in den Himmel ragen lässt. Seine Früchte süß und saftig, der Duft, der mir in die Nase steigt ... unendlich viele Blumen, Kräuter ... Es ist immer wieder von Neuem ein so wunderbares, fast berauschendes Gefühl, durch den kleinen Hofgarten zu gehen und bei ihr an die Tür zu klopfen. Und Giagiá – ja, sie sitzt immer, wirklich immer erwartungsfroh an der selben Stelle auf dem Sofa gleich neben dem Holzkohleofen, darauf brodelt entweder eine Kanne mit heißem Wasser, oder eine Speise, die sie über Stunden vor sich hin köcheln lässt, sie hat ja Zeit ...

Eigentlich erinnert mich die griechische Küche oft an das Haus von meiner Oma. Es ist alt und hat keinerlei Extras oder Schnörkel, geschweige denn Luxus – aber es steht noch, so als ob es schon immer hier gewesen wäre, und es hat in seiner Einfachheit einen solch unglaublichen Charme, so eine Wärme und Herzlichkeit.

Erst danach gehe ich die Straße entlang zum Haus meiner Mutter. Dort wartet immer das gleiche Willkommens-Essen auf mich: Zitronen-Gemüse-Suppe und die selbst gebackene Spinatpita meiner Mama!

Für mich ist Ankommen und Heimat eben auch das Essen meiner Familie.

Choriátiki
Bauernsalat

Für 6–8 Personen

2 Salatgurken
1 kg Tomaten
2 grüne Paprikaschoten
1 Zwiebel, in Ringe geschnitten
400 g Feta
200 g schwarze Oliven mit Stein
2 TL getrockneter Oregano
Salz
4 EL Weinessig
12 EL Olivenöl

Zubereitungszeit: 30 Minuten

Die Salatgurken schälen und in grobe Stücke schneiden. Die Tomaten waschen und ohne Stielansätze in Achtel schneiden. Die Paprikaschoten waschen, die Samen und Scheidewände entfernen und das Fruchtfleisch in Streifen schneiden.

Das klein geschnittene Gemüse in einer flachen Schale anrichten. Den Feta in Scheiben schneiden. Die Zwiebelringe, den Feta und die Oliven auf dem Gemüse verteilen. Mit dem Oregano und Salz würzen.

Zum Schluss den Weinessig und das Olivenöl darüberträufeln.

Der Salat schmeckt pur mit Weißbrot, mit anderen *mezédes* oder als Beilage zu allen Fleischgerichten. Man kann ihn zusätzlich mit in Scheiben geschnittenem Gemüse wie Radieschen und Karotten garnieren.

Melitzanosaláta

Auberginencreme

Für 6 Personen

1 kg Auberginen
1 Zitrone
3 Knoblauchzehen, geschält, Keim entfernt, grob gehackt
1 Schalotte, grob gehackt
½ Bund glatte Petersilie, grob gehackt
1 kleine Chilischote, fein gehackt
Salz
100 ml Öl

Zubereitungszeit: 1 Stunde 20 Minuten

Die Auberginen waschen und mit einer Gabel mehrmals einstechen. Auf den Rost legen und im heißen Ofen etwa 50 Minuten backen, bis sie weich sind und die Haut geröstet ist. Die Auberginen dabei mehrmals wenden.

Etwas auskühlen lassen, halbieren und das Fruchtfleisch mit einem Löffel herausschaben. Die Zitrone auspressen. Das Auberginenfruchtfleisch mit dem Zitronensaft, dem Knoblauch, der Schalotte, der Petersilie und der Chilischote pürieren.

Die Creme salzen und das Olivenöl zum Schluss langsam unter Rühren einfließen lassen.

Wer mag, garniert die Auberginencreme mit schwarzen Oliven, Radieschenscheiben und etwas Paprikaschote.

Tzatzíki
Joghurtdip mit Gurke

Für 6 Personen

1 kg griechischer Joghurt (10% Fett)
1 Salatgurke
4 EL Olivenöl
1 EL Weinessig
Salz
3 Knoblauchzehen, geschält, Keim entfernt, fein gehackt

Zubereitungszeit: 20 Minuten. Ruhezeit: mehrere Stunden

Die Salatgurke schälen und längs halbieren. Die Kerne mit einem Löffel herauskratzen und das Fruchtfleisch grob raspeln.

Den Joghurt mit dem Öl und dem Essig verrühren und salzen. Die Gurkenraspel und den Knoblauch hinzugeben, alles gut miteinander vermengen und abgedeckt an einem kühlen Ort mehrere Stunden (oder über Nacht) durchziehen lassen.

Tzatzíki passt sehr gut zu allen *mezédes*-Gerichten oder zu gefülltem Gemüse und allen Fleischgerichten.

Karpoúsi me féta

Wassermelone mit Feta

Für 8–10 Personen

1 kalte reife Wassermelone (etwa 2 kg)
500 g Feta
1 Bund frische Minze

Zubereitungszeit: 20 Minuten

Die Melone von der Schale befreien, entkernen und in mundgerechte Stücke schneiden. Den Feta in Würfel schneiden. Die Melonenstücke auf einer Platte anrichten und die Fetawürfel darauf verteilen.

Die Minze waschen und trocken schütteln, die Blätter abzupfen und auf die Platte geben.

Zu diesem schnellen, erfrischenden Sommergericht legt man kleine Gabeln um die Platte herum – jeder nimmt sich davon.

Das Gericht wird bei uns einfach so pur genossen, weil es bei Hitze auch durstlöschend ist. Es kann aber auch als Nachtisch gereicht werden.

Ntomátes ke piperiés toursí

Eingelegte grüne Tomaten und Spitzpaprika

Für 3 Gläser (je 1 Liter)

1 kg grüne, unreife Tomaten
1 kg grüne Spitzpaprika
3 Karotten
etwas Selleriegrün
1 Bund glatte Petersilie
2 Knoblauchzehen
5 EL Salz
2 EL Weinessig

Zubereitungszeit: 30 Minuten. Ruhezeit: 2 Tage. Lagerzeit: 2 Wochen

Die Tomaten waschen und ohne die Stielansätze vierteln. Die Spitzpaprika waschen, Samen und Scheidewände entfernen und das Fruchtfleisch in grobe Stücke schneiden. Die Karotten waschen, putzen und ebenfalls in grobe Stücke schneiden. Selleriegrün und Petersilie waschen, trocken schütteln und klein zupfen. Den Knoblauch schälen, den Keim entfernen und die Zehen grob zerkleinern.

Alle vorbereiteten Zutaten in einen großen Topf geben. Mit dem Salz und dem Essig gut durchmischen und etwa 2,5 Liter Wasser dazugeben, sodass alles bedeckt ist. Gut zudecken und bei Zimmertemperatur 2 Tage ziehen lassen.

Das Gemüse in die Einmachgläser füllen, dabei das Gemüse leicht andrücken und die Gläser bis zum Rand mit dem Einlegewasser füllen. Die Gläser gut verschließen und an einem kühlen Ort aufbewahren.

Nach 2 Wochen kann man das Gemüse als *mezé* oder als Beilage zu einem Hauptgericht servieren.

Das eingelegte Gemüse hält etwa 1 Jahr.

Féta saganáki
Gebackener Schafskäse

Für 4–6 Personen

600 g Feta
2 grüne Spitzpaprika
2 Tomaten
1 kleine Chilischote
3 Knoblauchzehen
300 g griechischer Hartkäse, grob gerieben (z. B. Kefalotiri)
1 TL getrockneter Oregano
½ TL scharfes Paprikapulver
1 TL Chiliflocken
Salz
frisch gemahlener Pfeffer
8 EL Olivenöl

Zubereitungszeit: 40 Minuten

Den Feta in eine mit Olivenöl gefettete ofenfeste Form oder mehrere kleine Förmchen geben.

Paprika, Tomaten und die Chilischote waschen. Die Samen und Scheidewände von den Paprikaschoten entfernen und die Schoten in feine Streifen schneiden. Die Tomaten ohne Stielansätze klein schneiden und die Chilischote in Ringe schneiden. Den Knoblauch schälen, den Keim entfernen und die Zehen in feine Scheiben schneiden. Alle vorbereiteten Zutaten auf den Feta schichten.

Den Backofen auf 200 °C vorheizen.

Den geriebenen Hartkäse darüberstreuen und mit dem Oregano, dem Paprikapulver, den Chiliflocken, Salz und Pfeffer würzen.

Das Olivenöl darüberträufeln und das Gericht im heißen Ofen 15–20 Minuten überbacken, bis der Käse geschmolzen ist.

Das Gericht noch heiß in der Form servieren.

Sardéles tiganités

Kleine gebratene Sardinen

4–6 Personen

1 kg kleine frische Sardinen
Salz
frisch gemahlener Pfeffer
2 TL getrockneter Oregano
Olivenöl zum Frittieren
etwa 120 g Mehl
3 Zitronen, geviertelt

Zubereitungszeit: 40 Minuten

Die Sardinen waschen und ungeputzt mit Salz, Pfeffer und etwas Oregano einreiben und kurz durchziehen lassen.

In einer Pfanne etwa 3 Zentimeter hoch Olivenöl erhitzen.

Die Fische im Mehl wenden und im Olivenöl auf beiden Seiten goldbraun ausbacken. Auf Küchenpapier entfetten, auf einer Platte anrichten und mit Zitronenvierteln servieren.

Kleine Salzwasserfische wie Sardinen oder Marides werden in Griechenland im Ganzen zubereitet und gegessen. Man bekommt sie bei einem guten Fischhändler.

Choriátiko psomí
Bauernbrot

Für 3 Brote

Für den Vorteig:
200 g Weizenmehl Type 1050
10 g Hefe
Für den Hauptteig:
500 g Weizenmehl Type 550
300 g Roggenmehl
1 EL Salz
10 g Hefe
Außerdem:
Olivenöl für die Schüssel

Zubereitungszeit: 1 Stunde. Ruhezeit: + 1 Nacht + 2 Stunden + 1 Stunde

Zunächst für den Vorteig das Mehl in eine Schüssel sieben. Die Hefe in 150 Milliliter lauwarmem Wasser auflösen und mit dem Mehl verrühren. Den Teig zugedeckt bei Zimmertemperatur über Nacht stehen lassen.

Am nächsten Tag den Hauptteig zubereiten. Das Weizenmehl und das Roggenmehl auf die Arbeitsplatte sieben, in die Mitte eine Vertiefung eindrücken und das Salz hineinstreuen.

Die Hefe in 450 Milliliter lauwarmem Wasser auflösen und in die Vertiefung geben. Alles zusammen mit dem Vorteig etwa 10 Minuten kräftig zu einem glatten Teig kneten.

Den Teig zu einer Kugel formen und in eine mit Olivenöl ausgepinselte Schüssel legen. Mit einem feuchten Küchentuch abdecken und bei Zimmertemperatur 2 Stunden gehen lassen.

Den Teig zu drei ovalen Laiben formen, auf ein Backblech geben und nochmals abgedeckt etwa 1 Stunde gehen lassen, bis sich das Volumen verdoppelt hat.

Den Backofen auf 225 °C vorheizen.

Das Blech in den Backofen schieben und die Brote im heißen Ofen etwa 35 Minuten backen, bis sich eine goldbraune Kruste gebildet hat.

NL

Féta
Schafskäse

Feta ist ein weißer Salzlakenkäse, seine Herstellung hat in Griechenland eine sehr lange Tradition. Übersetzt bedeutet Feta „Scheibe", weil der Käse schon immer in Scheiben geschnitten angeboten wurde. Die Bezeichnung ist ein international geschützter Begriff, der nur bei der Anwendung der festgelegten Produktionsverfahren und Zutaten benutzt werden darf. Feta darf er außerdem nur genannt werden, wenn er aus reiner Schafsmilch oder einer Mischung aus Ziegen- und Schafsmilch gemacht ist. Die Ziegen und Schafe weiden nur in bestimmten Regionen. Deshalb ist die Milch besonders würzig und der daraus hergestellte Käse hat ein intensives Aroma und eine leichte Schärfe.

Die früher überwiegend arme Dorfbevölkerung lebte hauptsächlich von der Schafzucht, und so wurde dieses durch seinen hohen Fett- und Kalziumgehalt sehr wichtige Nahrungsmittel auf einfache Weise für den Eigengebrauch hergestellt. Auch meine Oma hat in früheren Zeiten noch selbst Feta gemacht. Inzwischen ist die Nachfrage so stark gestiegen, dass sich selbst in vielen kleineren Orten Käsereien angesiedelt haben, eine im Nachbarort durfte ich besuchen. Sie hat wie viele andere ihr eigenes, gut gehütetes Geheimrezept für die Herstellung des Lieblingskäses der Griechen. Die Basis bildet immer angewärmte Milch, der eine spezielle Mischung aus Labferment zugesetzt wird, dadurch dickt sie zu einer geleeartigen Masse ein. Anschließend in grobe Stücke geschnitten, wird der sogenannte Bruch in große Formen gegossen. So geformt und leicht gepresst, kann die gewünschte Dichte erreicht werden und die Molke abfließen.

Nach etwa zwei Monaten Reifezeit in luftdichten Behältern, mit reichlich Salz und der zuvor abgetropften Molke eingelegt, ist der Feta verzehrfertig und wird pur oder auch pikant gewürzt, in Olivenöl mit verschiedenen Kräutern eingelegt angeboten. Meist aber genießen ihn die Griechen nur mit etwas Öl beträufelt und mit Pfeffer und Oregano gewürzt. Daneben wird er zum Backen und Kochen in vielen Speisen verwendet, so zum Beispiel in gefüllter Pita. Hierfür füllt man eine Mischung aus Feta und Zwiebeln, Spinat oder Fleisch in selbst gemachten Filo- oder Blätterteig. Man kann sagen, dass mit Schafskäse gefüllte Pita eine der beliebtesten Speisen der Griechen ist – beinahe schon ein Grundnahrungsmittel.

ΠΡΙΚΙΑ

Psári FISCH

Natürlich wird in einem Land wie Griechenland, das zu so großen Teilen am Meer liegt, sehr viel Fisch gegessen. Meist wird er gegrillt oder gebraten und mit einer Sauce aus geschlagenem Olivenöl mit Zitronensaft (*ladolémono*) serviert. Durch die Überfischung im Mittelmeer wurden vor allem größere Fische in letzter Zeit recht teuer, daher sind die kleinen schmackhaften Arten wie Atherina, Gavros oder Marida sehr beliebt geworden. Sie werden meist im Ganzen mitsamt den Innereien gebraten und gegessen.

Bei uns in der Bergregion kommt häufig in Olivenöl eingelegter Fisch wie Sardellen oder gepökelter *bakaliáros* (Klippfisch) auf den Tisch; dies waren früher die besten Methoden, Speisen haltbar zu machen. Mehrmals die Woche kommt ein Fischhändler mit seinem kleinen Laster zu uns ins Dorf. Bis heute bringt er meiner Oma jeden Freitag frischen Fisch vorbei – für sie und ihre Katzen. Zum Tausch bekommt er die besten und größten Eier, die sie schon in einer abgedeckten Schüssel bereitgestellt hat.

Sáltsa me avgotáraho

Bottarga-Sauce

Für 4 Personen

40 g *avgotáraho* (Bottarga)
2 Zwiebeln
8 EL Olivenöl
4 große Fleischtomaten
2 Knoblauchzehen, geschält, Keim entfernt, fein gehackt
1 Chilischote, fein gehackt
2 EL Tomatenmark
frisch gemahlener Pfeffer

Zubereitungszeit: 50 Minuten

Die Zwiebeln schälen und in feine Würfel schneiden. Das Olivenöl in einem Topf erhitzen und die Zwiebeln darin kurz glasig braten. Die Tomaten waschen und ohne Stielansätze in Stücke schneiden.

Die Tomatenstücke, den Knoblauch, die gehackte Chilischote, das Tomatenmark und Pfeffer hinzugeben und alles etwa 30 Minuten leise köcheln lassen. Eventuell noch etwas Wasser hinzugeben.

Die Bottarga grob raspeln und kurz vor Ende der Garzeit hinzugeben.

Die Sauce schmeckt sehr gut zu Nudeln oder als Bruschetta-Belag. *Avgotáraho* ist eine griechische Spezialität aus Fischrogen, der unter Zugabe von Fleur de Sel getrocknet wird. Er wird ganz natürlich – nur durch eine Bienenwachs-Konservierung – haltbar gemacht. Man nennt ihn auch den „Kaviar des Südens", da die Herstellung sehr aufwendig ist.

Kalamarákia gemistá
Gefüllte Kalmare

Für 4 Personen

2 frische küchenfertige Kalmare (je etwa 400 g)
2 kleine Lauchzwiebeln, in feine Streifen geschnitten
½ Bund glatte Petersilie, fein gehackt
2 Knoblauchzehen, geschält, Keim entfernt, fein gehackt
1 rote Chilischote, fein gehackt
350 g Feta
6 EL Olivenöl
Salz
frisch gemahlener Pfeffer
Olivenöl zum Braten
1 Zitrone

Zubereitungszeit: 1 Stunde

Die Kalmare waschen und mit Küchenpapier trocken tupfen.

Die Lauchzwiebeln, die Petersilie, den Knoblauch und die Chilischote in eine Schüssel geben. Den Feta dazubröseln und untermischen. Das Olivenöl dazugeben und alle Zutaten gut vermischen. Mit Salz und Pfeffer würzen und die Kalmare damit füllen.

Die Öffnung jeweils mit kleinen Holzspießchen zusammenstecken, damit die Füllung beim Braten nicht herausfällt.

Die Kalmare entweder auf dem Holzkohlengrill (da werden sie am allerbesten) oder in einer geölten Grillpfanne knusprig braun braten. Die Zitrone waschen, abtrocknen und in Viertel schneiden. Die Kalmare mit den Zitronenvierteln anrichten und mit Olivenöl beträufeln.

Sehr gut dazu passt ein grüner Salat, der mit einer Zitronen-Olivenöl-Vinaigrette angemacht ist.

O kípos
Der Garten

Wenn ich heute meiner Mutter von der Veranda ihres Häuschens zusehe, wie sie inmitten ihrer Gartenzwerge – umgeben von Rosen und Dahlien, die griechische Dorfkulisse im Hintergrund – ihrer geliebten Gartenarbeit nachgeht, denke ich: Das glaubt mir kein Mensch!

Sie gießt die Blumen und Sträucher nicht einfach, sie streichelt sie. Jede einzelne Pflanze wird sorgsam gepflegt, jeden Morgen um fünf Uhr bei Sonnenaufgang und jeden Abend bei Sonnenuntergang. Der Rasen wird nicht nur gemäht, er wird mit der Schere von Hand gestutzt – so wächst er noch schöner und gleichmäßiger, sagt sie. Ihr Garten ist so perfekt, dass jede Kleingartenkolonie in Deutschland vor Neid erblassen und sie wohl wegen ihrer Ordnungs- und Sauberkeitsliebe zur Vorsitzenden wählen würde.

Für die Erfüllung ihres Traumes vom eigenen Garten opfert sie all ihre Energie und freie Zeit. Obwohl schon seit Jahren bestellt, hat sie bis heute noch keinen Wasseranschluss auf ihrem Gemüsefeld, das etwas außerhalb am Rand des Dorfes liegt. Und so schleppt meine kleine quirlige Mutter Tag für Tag literweise Wasser in großen Kanistern dorthin – mit ihrem Handkarren, der beinahe so schwer und so hoch wie sie selbst ist. Dort pflanzt sie ihre schmackhaften Kartoffeln, ihren herrlichen Salat, ihre Zwiebeln, die Bohnen, den Knoblauch, die Kichererbsen, die sie beizeiten erntet und in Körben wieder runter zum Haus trägt. Nur Tomaten, Zucchini und einige Beeren und Kräuter leben nah bei ihr am Haus, im kleinen Gemüsegarten im Hinterhof.

Den süß-säuerlichen Geschmack ihrer vom Strauch gepflückten Tomaten, aufgewärmt von der Sonne, duftend wie ein kostbares Parfum, nehme ich mir auch heute noch immer als Erinnerung mit nach Deutschland.

Xifías sto foúrno me patátes
Schwertfisch im Backofen mit Kartoffeln

Für 4 Personen

4 Schwertfischsteaks (je 200 g)
1 kg Kartoffeln
8 EL Olivenöl
3 TL getrockneter Oregano
Salz
frisch gemahlener Pfeffer

Zubereitungszeit: 1 Stunde 30 Minuten

Die Kartoffeln in einer ofenfesten Form verteilen, mit dem Olivenöl, dem Oregano und Salz und Pfeffer würzen und etwa 40 Minuten im heißen Ofen garen.

Die Schwertfischsteaks waschen und mit Küchenpapier trocken tupfen. Auf beiden Seiten mit Salz und Pfeffer würzen und zu den Kartoffeln geben. Die heiße Marinade aus der Form mit einem Löffel über die Fischsteaks träufeln.

Das Ganze nochmals für etwa 20 Minuten in den heißen Ofen schieben, bis die Kartoffeln und Fischsteaks gar sind.

Auf einer großen Platte anrichten und mit der Marinade aus der Form beträufeln.

Garides saganáki
Garnelen im „Pfännchen"

Für 4–6 Personen

1 kg küchenfertige rohe Garnelen
400 g reife Tomaten
Olivenöl zum Braten
1 Zwiebel, fein gehackt
3 Knoblauchzehen, geschält, Keim entfernt, fein gehackt
1 rote Chilischote, klein geschnitten
1 kleine grüne Spitzpaprika, Samen und Scheidewände entfernt, in feine Ringe geschnitten
1 Bund glatte Petersilie, fein gehackt
Salz
frisch gemahlener Pfeffer
200 ml Ouzo
250 g grob geriebener griechischer Hartkäse (z. B. Kefalotiri)

Zubereitungszeit: 1 Stunde

Die Tomaten waschen und ohne Stielansätze in kleine Würfel schneiden.

Das Olivenöl in einer Pfanne erhitzen und die Zwiebel darin glasig braten. Die Tomaten, den Knoblauch, die Chilischote, die Spitzpaprika und die Petersilie dazugeben und 10 Minuten köcheln. Die Sauce mit Salz und Pfeffer würzen.

Die Garnelen in einer Pfanne in etwas Öl kurz auf beiden Seiten anbraten und mit der Tomatensauce ablöschen. Etwas ziehen lassen, dann mit dem Ouzo begießen und flambieren.

Die Garnelen mit der Sauce auf einer Platte anrichten und mit dem geriebenen Hartkäse bestreuen.

Man kann dieses Gericht auch nach dem Flambieren in kleine Portionsförmchen füllen und direkt darin servieren.

Mídia achnistá me krasí

Gedünstete Miesmuscheln in Weinsud

Für 6 Personen

2 kg Miesmuscheln
3 Zwiebeln
4 Knoblauchzehen
Olivenöl zum Braten
½ Bund glatte Petersilie, grob gehackt
3 Lorbeerblätter
¼ l trockener Weißwein

Zubereitungszeit: 1 Stunde

Die Muscheln gründlich waschen und säubern, bereits geöffnete Muscheln aussortieren und wegwerfen.

Die Zwiebeln schälen und in Streifen schneiden. Den Knoblauch schälen, den Keim entfernen und die Zehen klein schneiden.

In einem großen Topf das Olivenöl erhitzen, die Zwiebeln und den Knoblauch darin kurz glasig anbraten. Die Petersilie, die Muscheln und die Lorbeerblätter hinzugeben und kurz anbraten.

Mit dem Weißwein aufgießen und etwa 15 Minuten kochen lassen, bis sich die Muscheln geöffnet haben, dann sind sie gar. Ungeöffnete Muscheln aussortieren und wegwerfen!

Dazu gegrilltes oder geröstetes Weißbrot reichen, das mit einer Knoblauchzehe eingerieben wurde.

Eliá
Die Olive

Ich erinnere mich noch gut daran, wie oft in meiner Familie von der prägenden Kriegs- und Nachkriegszeit erzählt wurde. Unendlich viele Geschichten – bei allem Elend und Leid dieser Zeit gab es auch schöne Anekdoten. Und häufig ging es um das eine Thema: Essen. So lernten die Kinder meiner Oma, also meine Mutter und ihre fünf Geschwister, von klein auf, Joghurt aus der eigenen frisch gemolkenen Ziegenmilch zu machen. Der Joghurt war dann sehr zur Freude aller mit selbst gebackenem Brot und den einzeln gereichten Oliven eine Mahlzeit; und um noch mehr davon zu haben, nahm man die Oliven zwischen die Finger, öffnete sie einen Spaltbreit und rieb den Saft über das Stück Brot. Die Oliven waren ein kostbarer Schatz, sie ersetzten mit ihrem würzigen Saft nicht nur oft den Brotbelag, auch das Olivenöl war lebenswichtig. So ist es nicht verwunderlich, dass der Olivenbaum immer noch Lebensbaum genannt wird.

Es ist heute kaum vorstellbar, wie man mit so wenig einen solch unendlichen Genuss verspüren kann. Das ist auch die große Kunst der griechischen Küche, sie ist unglaublich pur, manchmal karg und einfach. Aber gerade hierin liegt das Geheimnis: die oft sehr wenigen Zutaten und Gewürze so zu kombinieren, sie miteinander verschmelzen zu lassen, dass daraus eine Gaumenfreude wird!

Das Hühnchen wird noch immer selbst geschlachtet, die Tomaten im eigenen Garten angebaut. Unverzichtbar zu vielen Mahlzeiten sind Oliven, Olivenöl, Feta, Joghurt, Oregano und Zitronen; und hier wird, wie bei allen anderen Zutaten auch, nur das Frischeste und Beste verwendet. Da die Menschen – gerade die Älteren – meist nicht viel besitzen, ist oft ihr Essen und ihre Gastfreundschaft das Einzige, was sie anbieten können. Voller Stolz serviert und mit Hingabe zubereitet.

Psári me abelófila sto grill

Fisch im Weinblatt gegrillt

Für 6 Personen

6 küchenfertige Fische, zum Beispiel Merlane
12 Weinblätter (in Salzlake)
4 Zitronen
9 EL Olivenöl
1 TL getrockneter Oregano
Salz
frisch gemahlener Pfeffer
1 Bund glatte Petersilie, grob gehackt
3 Knoblauchzehen, geschält, Keim entfernt, grob gehackt
einige Zweige Thymian

Zubereitungszeit: 50 Minuten

Die Fische innen und außen gut waschen.

Zwei Zitronen auspressen und den Saft mit dem Olivenöl, dem Oregano, Salz und Pfeffer zu einer Marinade mischen. Die Fische damit gut einpinseln und mit der Petersilie, dem Knoblauch und den Thymianzweigen füllen.

Die Weinblätter kurz abbrausen und die Fische darin einwickeln. Mit etwas Olivenöl bestreichen und auf dem Holzkohlengrill oder in einer geölten Grillpfanne auf beiden Seiten braten.

Die Fische auf einer großen Platte anrichten. Die übrigen zwei Zitronen vierteln und die Fische im Weinblatt damit garnieren.

Tsipoúra tiganití me patatosaláta
Dorade mit Kartoffelsalat

Für 4 Personen

Für den Kartoffelsalat:
1,5 kg kleine, junge Kartoffeln
Salz
1 Zitrone
7 EL Olivenöl
2 Zwiebeln, fein gewürfelt
Für die Dorade:
4 küchenfertige Doraden mit je etwa 300 g
8 Zweige Rosmarin
8 Zweige Thymian
Salz
frisch gemahlener Pfeffer
10 EL Mehl
10 EL Olivenöl

Zubereitungszeit: 1 Stunde 30 Minuten

Die Kartoffeln waschen und in reichlich Salzwasser gar kochen. Noch warm pellen und in Stücke schneiden.

Die Zitrone auspressen und den Saft mit dem Olivenöl und Salz verrühren. Die gewürfelten Zwiebeln hinzufügen. Die Marinade über die Kartoffeln geben und ziehen lassen, bis die Fische fertig sind.

In der Zwischenzeit die Doraden innen und außen gründlich waschen und mit Küchenpapier trocken tupfen.

Je zwei Kräuterzweige in jede Bauchhöhle stecken, mit Salz und Pfeffer würzen. Das Mehl in einen flachen Teller geben und die Fische darin wenden.

Das Olivenöl in einer Pfanne erhitzen und die Doraden darin von beiden Seiten goldbraun braten.

Den Kartoffelsalat eventuell noch nachwürzen und mit den Doraden auf Teller verteilen.

Elaiólado
Olivenöl

Der Olivenbaum ist eine der ältesten Kulturpflanzen der Welt und seit über 7000 Jahren bekannt – die griechische Küche ist ohne hochwertiges Olivenöl undenkbar! Überall in Griechenland findet man Olivenplantagen, deren Anblick beeindruckt. Dort ein schattiges Plätzchen finden und ein rustikales Picknick mit eingelegten Chilischoten, Feta und frischem Brot genießen hat eine ganz eigene Stimmung.
So ein Olivenbaum kann mehrere hundert Jahre alt und bis 20 Meter hoch werden. Erst nach vier bist zehn Jahren trägt er die ersten Früchte, die dann für die Ölherstellung verwendet werden können. Während eines Aufenthalts in meiner Heimat habe ich meinem Schwager und seinen Kindern bei der Ernte geholfen; wie viele Griechen hat auch die Familie meiner Schwester eine eigene kleine Olivenplantage, die sie als Nebenerwerb betreibt und so ihr eigenes Öl herstellt. Je nach Sorte werden die grünen Oliven – sobald sie einen leicht violetten Farbton angenommen haben –, von Oktober bis Februar geerntet. Man verwendet auf dem Boden ausgelegte Netze und fängt darin die heruntergefallenen Früchte auf. Anschließend werden die Oliven von Ästen und Blättern befreit, gewaschen und kommen dann in die Mühle. Dort werden sie im Ganzen mit Kern zu einem Brei zerquetscht; das dabei austretende Öl wird vom Fruchtwasser getrennt und gefiltert. Diese Prozedur sollte schonend erfolgen und ist recht mühevoll und aufwendig, schließlich hängt hiervon die spätere Qualität des Öls ab. Je frischer die Olive vom Baum in die Pressung kommt, desto wertvoller ist später auch das Öl.
Zum Kochen sollte man grundsätzlich nur kalt gepresstes, extra natives Olivenöl verwenden, am besten vom Händler des Vertrauens, da auch hier gerne gepanscht wird! Wegen der Heilkraft dieser Pflanze wird Olivenextrakt auch in der Herstellung von Salben und Tinkturen benutzt. Schon in der Antike nannte man ihn „Lebensbaum" und so galt Tee, der mit Olivenöl und den Blättern gewürzt war, als universelles Therapeutikum.
Für die Griechen ist der Olivenbaum bis heute eine der heiligsten Pflanzen, und seine Zweige werden in der orthodoxen Kirche zum Weihen von Altären und bei der Taufe verwendet. Kein Wunder, dass man die Bäume früher gerne neben die prachtvollen Kirchen pflanzte, weil der Olivenbaum Gottes Nähe und Gottes Weisheit in sich trägt und voller Kraft da steht und durch fast nichts zu erschüttern ist. Griechenland ist auch heute eine der wichtigsten Anbauregionen für Olivenbäume, es ist daher nicht verwunderlich, dass dort auch der höchste Pro-Kopf-Verbrauch für Olivenöl herrscht.

για ξεχωριστές
Το ΚΡΕΑΣ είνα
ΔΙΚΗ μας δουλε
ΕΜΕΙΣ
ΚΟΤΕΣ ΠΙΝΔΟΥ
ΚΑΤΕΨΥΓΜΕΝΕΣ
3,20 €
άει πρώτα
απο το στομάχι...

Kréas FLEISCH

Da die klassische griechische Küche sehr puristisch in der Zubereitung ist, spielt die Qualität der einzelnen Zutaten fürs Gelingen eine wesentliche Rolle. Beim griechischen Metzger hängen daher die Tiere oft im Ganzen über der Fleischtheke, denn so kann man am besten die Frische und das Alter des Tieres erkennen. Gerade bei so beliebten Fleischsorten wie Lämmchen ist das entscheidend. Nur Tiere, die nicht älter als ein Jahr sind, dürfen als Lammfleisch bezeichnet werden.

Durch die früher weit verbreitete Armut war Fleisch meist nur eine Beigabe zum Essen oder ein Geschmacksträger für viele Gemüsegerichte. Bis heute wird nur an Festtagen wie Ostern, Hochzeiten oder bei gemeinsamen Grillabenden noch wirklich reichlich Fleisch gegessen.

Häufig werden alle Zutaten in einem Topf geschmort – so nehmen sie den Geschmack der Sauce und die Würze des Fleisches an.

Juvarlákia avgolémono
Zitronencremesuppe mit Hackklößchen

Für 4–6 Personen

Für die Klößchen:
500 g Schweinehackfleisch
250 g Langkornreis
2 EL fein gehackte glatte Petersilie
Salz
frisch gemahlener Pfeffer
Für die Brühe:
150 g Langkornreis
1 Ei
Saft von 1½ Zitronen
Salz
frisch gemahlener Pfeffer

Zubereitungszeit: 1 Stunde 30 Minuten

Zuerst für die Klößchen das Hackfleisch mit dem rohen Reis, der Petersilie und Salz und Pfeffer gut vermischen und daraus kleine Bällchen formen.

Für die Brühe 2 Liter Wasser zum Kochen bringen und salzen. Die Klößchen hineingeben und etwa 15 Minuten köcheln lassen. Den Schaum, der sich auf der Oberfläche bildet, öfter mit einer Schöpfkelle oder einem Schaumlöffel entfernen.

Den Reis in die Brühe geben und etwa 15 Minuten garen. Den Topf von der Herdplatte nehmen. Das Eiweiß vom Eigelb trennen und in je eine Tasse geben. Mithilfe einer kleinen Gabel zunächst jedes für sich schaumig schlagen, dann beide verrühren und wieder schaumig schlagen. Dabei den Zitronensaft einrühren. Etwas Suppenbrühe dazugeben und weiterrühren. Diese Mischung vorsichtig unter Rühren in die Suppe gießen. Die Suppe darf jetzt nicht mehr kochen, sonst gerinnt das Ei.

Die Suppe mit den Hackklößchen auf Teller verteilen und nach Geschmack mit Zitronensaft, Salz und Pfeffer nachwürzen.

1,75

Arni stifádo
Lammgulasch mit Gewürzen

Für 6–8 Personen

1 kg Lammgulasch
3 Zwiebeln
8 EL Olivenöl
3 Knoblauchzehen, geschält, Keim entfernt, fein gehackt
1 TL Wacholderbeeren
5 Gewürznelken
1 TL schwarze Pfefferkörner
2 EL Tomatenmark
200 ml Rotwein
2 große Fleischtomaten
Salz
frisch gemahlener Pfeffer

Zubereitungszeit: 30 Minuten. Garzeit: 1 Stunde 30 Minuten

Die Zwiebeln schälen und in feine Ringe schneiden. Das Olivenöl in einem großen Topf erhitzen und die Zwiebeln darin glasig anbraten, das Fleisch hinzufügen und kurz auf allen Seiten anbraten.

Den Knoblauch, die Gewürze und das Tomatenmark hinzufügen und mit dem Rotwein ablöschen. Alles kurz köcheln lassen. Die Tomaten waschen, ohne Stielansätze würfeln und dazugeben. Etwa 200 Milliliter Wasser angießen.

Das Lammgulasch etwa 1 ½ Stunden zugedeckt schmoren, bis das Fleisch gar und die Sauce dicklich eingekocht ist. Eventuell noch etwas Wasser dazugeben.

Das *stifádo* mit Brot und einem einfachen grünen Salat servieren.

Kotópoulo gemistó

Gefülltes Huhn

Für 4 Personen

1 küchenfertiges Huhn (etwa 1,5 kg)
1 große Zwiebel
10 EL Olivenöl
½ Bund glatte Petersilie, fein gehackt
250 g Rinderhackfleisch
200 g Langkornreis
1 EL Tomatenmark
2 EL Paprikamus (siehe Rezept Seite 42 oder Fertigprodukt)
1 TL getrockneter Oregano
Salz
frisch gemahlener Pfeffer
1/8 l trockener Rotwein

Zubereitungszeit: 1 Stunde.
Garzeit: 1 Stunde 30 Minuten

Für die Füllung die Zwiebel schälen und in feine Würfel schneiden. 5 Esslöffel Olivenöl in einem Topf erhitzen und die Zwiebeln darin glasig werden lassen.

Die Petersilie und das Hackfleisch dazugeben und kurz unter Rühren anbraten, bis das Fleisch etwas Farbe bekommen hat.

Den Reis, das Tomatenmark und das Paprikamus hinzufügen und unter Rühren anschwitzen, mit Oregano, Salz und Pfeffer würzen. Mit dem Rotwein ablöschen und kurz ziehen lassen. ¼ Liter Wasser zugeben und köcheln lassen, bis der Reis gerade noch bissfest ist. Den Topf mit der Füllung beiseitestellen.

Den Backofen auf 180 °C vorheizen.

Das Huhn innen und außen gut waschen und trocken tupfen. Die Füllung mit einem Löffel hineingeben. Die Öffnung mit Küchengarn zunähen und das Huhn in eine ofenfeste Form geben. Mit dem restlichen Olivenöl, dem Oregano, Salz und Pfeffer einreiben. Falls noch Füllung übrig bleibt, diese zum Huhn in die Form geben und darin fertig garen. Immer wieder gut durchrühren. Das gefüllte Huhn im heißen Ofen etwa 1½ Stunden garen. Dabei das Huhn immer wieder mit dem Bratensaft beträufeln und ein- bis zweimal wenden.

Dieses Gericht wird bei uns auch zu festlichen Anlässen, zum Beispiel an Weihnachten zubereitet. Anstelle des Huhns kann man auch eine Gans oder eine Pute füllen.

I kouzina
Die Küche

Die meisten Hausfrauen in Vathilakkos besitzen zwei Küchen. Die eine – modern und wie frisch aus dem Möbelhaus geliefert –, in der bestenfalls die Speisen angerichtet, mal ein Kuchen gebacken oder Kaffee gekocht werden, also die „Vorzeigeküche" im Haus. Die andere, häufig spartanisch neben dem Haus gebaut, gleicht eher einer kleinen Scheune, die recht karg und zweckmäßig eingerichtet ist. Nur mit einem Gaskocher und einem Ofen ausgestattet, ein paar Töpfe und Schüsseln, die in einfachen Regalen stehen oder schlicht an der Wand hängen. Natürlich darf auch hier eine kleine Madonna oder ein Heiligenbild an der Wand nicht fehlen. Aber gerade hier wird hauptsächlich gebraten, gekocht, Fleisch und Fisch zubereitet und Gemüse eingelegt. Manchmal gibt es draußen vor der Tür noch einen kleinen Steinofen, in dem das Brot nach alter Tradition gebacken wird.

Schon als Kind habe ich mich dort am liebsten aufgehalten, obwohl ich regelmäßig weggeschickt wurde, damit ich mich nicht schmutzig mache oder nach gebratenem Fett rieche. Das machte diesen „geheimen Ort" – den ich nicht nur wegen all der Köstlichkeiten liebte, die dort entstanden – für mich nur noch interessanter.

Einmal durfte ich nach viel Überredungskunst zusammen mit meiner älteren Cousine ganz alleine Pitafladen in der „Außenküche" meiner Tante zubereiten. Nachdem wir den Teig geknetet, uns und die gesamte Küche reichlich mit Mehl bestäubt und anschließend die Pitas in viel heißem Olivenöl ausgebacken hatten, sah es dort aus wie auf einem Schlachtfeld. Aber das kümmerte uns wenig, wir saßen glücklich mit unseren warmen, duftenden Teigfladen im Garten im Gras und aßen diese mit Genuss. Als meine Tante die Bescherung entdeckte, war uns beiden schnell klar: Das war dann wohl das erste und einzige Mal, dass wir dort alleine kochen durften ...

Arní sto foúrno me patátes riganátes
Lamm im Ofen mit gebratenen Oregano-Kartoffeln

Für 4– 6 Personen

Zutaten für das Lamm:
1 kg Lammfleisch mit Knochen
Salz
frisch gemahlener Pfeffer
1 Zitrone
100 ml Olivenöl
2 Knoblauchzehen, geschält, Keim entfernt, fein gehackt
2 TL getrockneter Oregano
Zutaten für die Kartoffeln:
1 kg festkochende Kartoffeln
Olivenöl zum Ausbacken
Salz
1 TL getrockneter Oregano

Zubereitungszeit: 1 Stunde 30 Minuten

Das Lammfleisch in mundgerechte Stücke schneiden und in einer ofenfesten Form verteilen. Mit Salz und Pfeffer würzen.

Den Backofen auf 200 °C vorheizen.

Die Zitrone auspressen. Das Olivenöl mit dem Knoblauch, dem Zitronensaft und dem Oregano zu einer Marinade rühren und über das Fleisch gießen.

Das Fleisch im heißen Ofen gut 1 Stunde garen, dabei immer wieder mit dem Bratensaft beträufeln und mehrmals umrühren.

In der Zwischenzeit die Kartoffeln waschen, schälen und in Pommes-ähnliche Stifte schneiden. Reichlich Olivenöl in einer großen Pfanne stark erhitzen und die Kartoffelstifte darin knusprig braun braten. Auf Küchenpapier entfetten und mit Salz und dem Oregano würzen.

Das Lamm und die Oregano-Kartoffeln auf Teller verteilen.

Piperiés gemistés

Gefüllte Paprikaschoten

Für 6–8 Personen

je 10 kleine rote und grüne Paprikaschoten
100 ml Olivenöl
2 Zwiebeln, fein gewürfelt
500 g Rinderhackfleisch
300 g Reis
½ Bund glatte Petersilie, fein gehackt
3 Knoblauchzehen, geschält, Keim entfernt, fein gehackt
je 1 EL Tomatenmark und Paprikamus (siehe Rezept Seite 42 oder Fertigprodukt)
1 TL getrockneter Oregano
Salz
frisch gemahlener Pfeffer

Zubereitungszeit: 30 Minuten. Garzeit: 1 Stunde 30 Minuten

Die Paprikaschoten waschen. Jeweils am Stielansatz einen Deckel abschneiden und die Samen und Scheidewände aus dem Inneren entfernen und wegwerfen. Die Deckel beiseitelegen.

Für die Füllung ein Drittel des Olivenöls erhitzen und die Zwiebeln darin glasig anbraten. Das Hackfleisch zugeben und unter Rühren kurz mit anbraten, bis es etwas Farbe bekommt.

Den Reis, die Petersilie, den Knoblauch, das Tomatenmark und das Paprikamus hinzufügen und unter Rühren kurz anschwitzen. Mit dem Oregano, Salz und Pfeffer würzen und ½ Liter Wasser dazugeben. Alles so lange köcheln, bis der Reis noch etwas bissfest ist. Eventuell noch etwas Wasser dazugießen. Den Backofen auf 180 °C vorheizen.

Die Füllung in die Paprikaschoten verteilen und jede gefüllte Schote wieder mit dem passenden Deckel verschließen. Das Gemüse mit dem restlichen Olivenöl beträufeln und salzen. Etwa 100 Milliliter Wasser in die Form gießen. Die gefüllten Paprikaschoten etwa 1½ Stunden im Ofen schmoren, bis sie weich sind. Falls das Gemüse zu braun wird, mit etwas Alufolie abdecken.

Das gefüllte Gemüse schmeckt heiß als Hauptgericht oder auch sehr gut kalt als Vorspeise mit Tsatsiki.

Loukániko choriátiko

Selbst gemachte Wurst

Für 10 Würste

500 g grob gehacktes Schweinefleisch
500 g grob gehacktes Lammfleisch
3 EL trockener Weißwein
18 g Salz
3 Knoblauchzehen, geschält, Keim entfernt, fein gehackt
3 EL glatte Petersilie, fein gehackt
½ EL Orangenzesten
1 TL frisch gemahlener Pfeffer
1 TL getrockneter Majoran
1 Msp. Zimtpulver
etwa 2 m Lammdarm für Bratwurst

Zubereitungszeit: 2 Stunden 30 Minuten. Ruhezeit: 2 Tage

Den Darm gut auswaschen und mindestens 30 Minuten in lauwarmes Wasser legen, damit er geschmeidig wird.

Das Schweine- und das Lammfleisch mit dem Weißwein, dem Salz, dem Knoblauch, der Petersilie, den Orangenzesten und den Gewürzen gut vermischen.

Den Darm an einem Trichterende befestigen und ganz aufziehen. Das Ende mit einer Schnur zubinden. Das Fleisch in den Trichter geben und durch leichtes Andrücken in den Darm füllen. Nach etwa 20 Zentimeter den Darm abdrehen, sodass eine Wurst entsteht. Mit der übrigen Fleischmischung so weiterverfahren, bis sie aufgebraucht ist.

In einem großen Topf reichlich Wasser aufkochen lassen.

Die Würste der Länge nach viermal mit einem Zahnstocher einstechen. Etwa 6 Minuten im heißen, aber nicht mehr kochenden Wasser ziehen lassen.

Die Würste an einem kühlen Ort 2 Tage aufgehängt abtropfen lassen. Im Kühlschrank sind sie nur kurze Zeit haltbar, also entweder gleich zubereiten oder einfrieren.

Die Würste schmecken besonders gut in der Pfanne gebraten mit Ei. Oder man erhitzt sie kurz im Ofen. Dazu trinken wir einen gut gekühlten Retsina.

Kotópoulo souvláki

Hähnchenfleischspieße

Für 6–8 Personen

1 kg Hähnchenbrustfilet
1 Zitrone
10 EL Olivenöl
3 TL getrockneter Oregano
2 Zitronen
Salz
frisch gemahlener Pfeffer
2 Zwiebeln
1 rote Paprikaschote
1 grüne Paprikaschote
Zitronenviertel zum Servieren

Zubereitungszeit: 40 Minuten. Marinierzeit: 2–3 Stunden

Das Hähnchenbrustfilet waschen, trocken tupfen und in etwa 3 Zentimeter große Würfel schneiden.

Die Zitrone auspressen, den Saft mit 4 Esslöffeln Olivenöl verrühren und Salz, Pfeffer und 2 Esslöffel Oregano hinzugeben. Das Fleisch mit der Marinade mischen und mindestens 2–3 Stunden marinieren.

In der Zwischenzeit die Zwiebeln schälen und in grobe Stücke schneiden. Die Paprikaschoten waschen, Samen und Scheidewände entfernen und das Fruchtfleisch ebenfalls in grobe, gleichmäßige Stücke schneiden.

Die Hähnchenwürfel abwechselnd mit dem Gemüse auf Schaschlikspieße stecken und auf dem Holzkohlengrill grillen.

Die Hähnchenfleischspieße auf einer Platte anrichten, mit dem übrigen Oregano bestreuen, mit dem übrigen Olivenöl beträufeln und mit den geviertelten Zitronen servieren.

Zu den Hähnchenfleischspießen schmecken Pommes frites.

Imám baildi
Gefüllte Auberginen

Für 6 Personen

1 ½ kg längliche, kleinere Auberginen
500 g reife Fleischtomaten
6 EL Olivenöl
300 g Zwiebeln, in feine Streifen geschnitten
250 g Hackfleisch
5 Knoblauchzehen, geschält, Keim entfernt, gehackt
1 EL Tomatenmark
1 Bund glatte Petersilie
Salz
frisch gemahlener Pfeffer
Olivenöl für die Form

Zubereitungszeit: 1 Stunde 30 Minuten. Garzeit: 1 Stunde

Die Auberginen waschen. Den Stielansatz abschneiden und die Auberginen einmal der Länge nach fast ganz durchschneiden, damit man sie füllen kann. Die Tomaten waschen und die Stielansätze entfernen. Die Hälfte der Tomaten für die Füllung würfeln, die andere Hälfte in grobe Stücke schneiden.

3 Esslöffel Olivenöl in einer Pfanne erhitzen und die Auberginen darin von allen Seiten bei geringer Hitze braten, bis sie weich sind. Herausnehmen.

Im selben Bratfett die Zwiebelstreifen anbraten, dann das Hackfleisch hinzugeben und kurz anbraten. Den Knoblauch, das Tomatenmark, die Petersilie und die Tomatenwürfel hinzugeben und mit Salz und Pfeffer würzen. Etwa 150 Millimeter Wasser hinzufügen und alles etwa 20 Minuten köcheln lassen.

Den Backofen auf 180 °C vorheizen.

Die Auberginen füllen und in eine mit Olivenöl gefettete ofenfeste Form geben. Etwa 200 Millimeter Wasser in die Form gießen, die Auberginen mit den grob geschnittenen Tomaten belegen, mit dem übrigen Olivenöl beträufeln und im heißen Ofen etwa 1 Stunde garen.

Wer möchte, kann dieses Gericht auch ganz ohne Fleisch zubereiten.

Filéto arnioú me féta

Lammfilet mit Feta

Für 4–6 Personen

1 kg Lammfilet
¼ l Olivenöl
4 Knoblauchzehen, geschält, Keim entfernt, fein gehackt
½ Bund glatte Petersilie, fein gehackt
1 TL getrockneter Oregano
einige Zweige Thymian
1 kleine Chilischote, fein gehackt
Salz
frisch gemahlener Pfeffer
1 rote Zwiebel, in feine Streifen geschnitten
2 Tomaten
400 g Feta

Zubereitungszeit: 1 Stunde. Marinierzeit: 1 Nacht

Das Olivenöl mit dem Knoblauch, den Kräutern und der Chilischote zu einer Marinade verrühren. Die Lammfilets darin abgedeckt über Nacht ziehen lassen.

Am nächsten Tag das Fleisch aus der Marinade nehmen und mit Salz und Pfeffer würzen.

Den Backofen auf 180 °C vorheizen.

Die Lammfilets in einer heißen Pfanne auf beiden Seiten kurz scharf anbraten und in eine ofenfeste Form legen. Die Zwiebelstreifen im Bratfett in der Pfanne anschwitzen und über das Fleisch geben. Die Tomaten waschen und ohne Stielansätze fein würfeln.

Die Tomatenwürfel und den zerbröselten Feta auf den Zwiebeln verteilen, etwas Marinade darüberträufeln und die Filets im heißen Ofen etwa 25 Minuten garen.

Dazu passen mit Oregano gewürzte Ofenkartoffeln oder ein Salat.

Tsái
Tee

Salbei und Safran werden bei uns meist als Tee getrunken und seltener zum Würzen von Speisen verwendet. Ganz in der Nähe von unserem Dorf Vathilakkos liegt eines der wichtigsten Anbaugebiete für Safran in Europa.

Das kleine Örtchen Krokos mit nur 5.000 Einwohnern verdankt seinen Namen dem Safran (griechisch: *krókos*). Zur Erntezeit im Oktober erblühen die Safranfelder in ihrer ganzen Farbenpracht, die lilienförmigen Blumen leuchten rot und violett auf dem sonst eher kargen, sandigen Boden. Das Klima dieser Gegend, die Bodenbeschaffenheit und die jahrhunderte-lange Erfahrung mit dem Anbau sind die Gründe für die ausgezeichnete Qualität des Safrans aus der Region. Mühsam werden die violetten Blüten per Hand gepflückt und aussortiert. Anschließend müssen die drei Blütennarben wiederum in Handarbeit herausgezupft und getrocknet werden, um den Safran-Krokos zu gewinnen. Für ein Kilogramm Safran werden mehr als 150.000 Blüten benötigt, das erklärt auch, warum er das teuerste Gewürz der Welt ist und auch „das rote Gold" genannt wird.

Sehr beliebt ist auch der wild wachsende Bergtee in unserer Region, seine ureigene Intensität erhält er nur auf den kargen und steinigen Hängen in freier Natur. Hirten und Bauern wie mein Onkel sammeln das mit Salbei verwandte Kraut dort in alter Tradition und binden es zu kleinen Bündeln; diese werden dann an einem schattigen Platz luftgetrocknet. Der griechische Bergtee unterscheidet sich von Region zu Region in seiner Zusammensetzung.

Gerne genieße ich seinen leicht süßlichen Geschmack mit etwas Honig verfeinert bei meiner Tante auf der Terrasse sitzend; an sehr heißen Tagen wird der Tee auch als kalter Durstlöscher getrunken.

Glyká SÜSSES

Den klassischen Nachtisch gibt es in Griechenland nicht. Direkt nach dem Essen wird meist frisches zuckersüßes Obst, wie Wassermelone oder Pfirsich serviert. Erst ab dem späten Nachmittag werden zum *ellinikós*, dem griechischen Mokka, in Sirup eingelegte Früchte oder süßes Blätterteiggebäck mit einer Nussfüllung gegessen. Dazu bekommt man immer ein Glas mit kaltem Wasser.

Die meisten Kuchen werden mit Blätter- oder Filoteig gebacken oder mit Grieß zubereitet und mit einem sehr süßen, goldfarbenen Sirup durchtränkt. Selbst in kleinen Orten gibt es eine Vielzahl von Konditoreien, die alle ihre eigenen Spezialitäten herstellen und eine große Auswahl an kleinen Köstlichkeiten anbieten.

Wenn man als Gast eingeladen wird, bringt man meistens statt Blumen als kleine Aufmerksamkeit eine dieser süßen Sünden mit, aufwendig verpackt in bunten Kartons, wie ein wertvolles Geschenk.

Kantaïfi
Engelshaar

Für 20 Rollen

Für den Teig:
500 g *kantaïfi*-Teig
100 g grob gehackte Mandeln
100 g grob gehackte Walnüsse
2 TL Zimtpulver
200 g zerlassene Butter
Für den Sirup:
400 g Zucker
1 Bio-Zitrone
1 Zimtstange

Zubereitungszeit: 2 Stunden.
Ruhezeit: 30 Minuten

Die Mandeln und die Walnüsse mit dem Zimt vermischen.

Den *kantaífi*-Teig mit den Händen etwas auflockern und eine Portion von etwa 20 Zentimeter Länge und 10 Zentimeter Breite abnehmen. Etwas Nussmischung darüberstreuen und zu einer kleinen Roulade aufrollen, abstehende Fäden abschneiden. So verfahren, bis der Teig und die Nüsse aufgebraucht sind.

Den Backofen auf 180 °C vorheizen.

Eine ofenfeste Form mit Butter einfetten und die Nussrollen dicht nebeneinander hineinlegen. Mit der zerlassenen Butter gleichmäßig begießen und im heißen Ofen etwa 30 Minuten backen, bis die Nussrollen goldbraun sind.

Für den Sirup den Zucker mit ¼ Liter Wasser in einen Topf geben. Die Zitrone in Scheiben schneiden und mit der Zimtstange dazugeben. Alles etwa 10 Minuten bei kleiner Hitze kochen. Den Sirup etwas abkühlen lassen und über die noch warmen Nussrollen gießen. Etwa 30 Minuten ziehen lassen.

Kantaífi-Teig sind dünne Teigfäden, die man in griechischen oder türkischen Läden fertig kaufen kann.

Ravani

Süßer Grießkuchen

Für 1 Backform (28 cm Durchmesser)

Zutaten für den Kuchen:
300 g feiner Grieß
125 g Mehl
2 TL Backpulver
1 Vanilleschote
200 g Zucker
¼ l Sonnenblumenöl
300 g Joghurt
4 Eier
fein abgeriebene Schale von 1 Bio-Orange
2 TL Backpulver

Zutaten für den Sirup:
⅛ l Wasser
200 g Zucker
4 EL Zitronensaft

Zubereitungszeit: 40 Minuten. Backzeit: 50 Minuten

Das Mehl in eine Schüssel sieben und mit dem Backpulver und dem Grieß vermischen. Die Vanilleschote längs aufschneiden und das Mark herauskratzen. In einer zweiten Schüssel den Zucker und das Vanillemark vermischen, das Öl langsam unter Rühren hinzugießen.

Den Joghurt und die Eier unterrühren. Dann die Orangenschale dazugeben.

Die Grieß-Mehl-Mischung unter langsamem Rühren hinzugeben und alle Zutaten so lange verrühren, bis ein cremiger Teig entstanden ist. Den Backofen auf 180 °C vorheizen.

Eine runde Backform gut einfetten und den Teig einfüllen. Im heißen Ofen etwa 50 Minuten backen, bis der Kuchen goldbraun ist.

Den Kuchen aus dem Ofen holen. Für den Sirup ⅛ Liter Wasser mit dem Zucker und dem Zitronensaft zum Kochen bringen, unter Rühren etwas einkochen lassen und von der Herdplatte ziehen.

Bevor der Kuchen ganz abgekühlt ist, mit dem heißen Sirup übergießen.

Wer es nicht ganz so süß mag, kann den Sirup auch weglassen. Der Kuchen schmeckt auch ohne hervorragend. Anstatt der Orangenschale kann man auch Zitronenschale verwenden

I pisti
Der Glaube

Jeden Sonntagmorgen erwacht Vathilakkos vom Läuten der Kirchenglocke und dem leisen Sakralgesang im Hintergrund, der mit Lautsprechern verstärkt durch das ganze Dorf hallt. Der *pappás* singt die Bibeltexte aus den heiligen Büchern und hält Andacht. Jeder, der schon in Griechenland war, ist den *pappás* bereits begegnet, wenn sie mit schwarzem, wehendem Talar, einem steifen Hut auf dem Kopf, darunter die Haare zu einem Knoten gebunden, und dem obligatorischen Bart durch die Gassen eilen. Sind die Menschen erst mal dem Ruf zum Gebet gefolgt, laufen die allgegenwärtigen Straßenköter unbehelligt, stolz und gutgelaunt durchs leere Dorf. Diese Stille, die ganz eigene mystisch-schöne Stimmung hat auch für einen Nichtgläubigen etwas ganz Besonderes. Der Jahresrhythmus im orthodoxen Griechenland ist stark von den kirchlichen Feiertagen geprägt, und es gibt viele Traditionen, die eine besonders schöne Bedeutung haben. So gibt es jeden ersten Tag im Monat in Vathilakkos eine Messe. Jeder Besucher bekommt danach einen kleinen Becher mit geweihtem Wasser und frischem Basilikum; mit einigen Tropfen davon auf die Stirn getupft wünscht man allen anderen, auch denen, die nicht in der Kirche waren, einen schönen Monat. Mit einer ertragreichen Ernte und vor allem natürlich bester Gesundheit. Der wichtigste Feiertag für alle Griechen ist aber das Osterfest. Rituale werden gepflegt, die Eier rot gefärbt (als Symbol für das Blut Jesu), die Fassaden der Häuser und die Straßen weiß getüncht – alles soll sauber und rein sein. Nach siebenwöchiger Fastenzeit bildet der Ostersonntag den kulinarischen Höhepunkt. In vielen kleineren Orten grillt jede Familie ihr eigenes Lämmchen oder eine Ziege im Ganzen auf der Terrasse oder im Garten. Griechenland gleicht an diesem Tag einem einzigen Picknickplatz. An Nachbarn, Freunde und Vorbeifahrende werden kleine Häppchen – *mezédes* – vom Lämmchen, dazu viele andere Beilagen, gereicht. Dazu trinkt man auch ein oder mehrere Schlückchen *rakí*. Von allen Seiten erklingt Musik, es wird viel gesungen und getanzt. Zum Bild von Griechenland gehören für mich auch die *eklissákia* (kleine Kirchlein), die man an jeder Straße und selbst in den verlassensten Gebieten findet. Sie sind alle ganz individuell gebaut und mit viel Liebe zum Detail gestaltet; sie werden von jedem, der daran vorbeikommt, gepflegt. Mit ihrer durchschnittlichen Größe eines Briefkastens dienen sie dem Gebet während des Tages. So bauten viele Bauern auch an ihrem Feld so eine kleine Kapelle, in der ein Öllämpchen brennt, ein Heiligenbild und etwas Olivenöl und Streichhölzer daneben, um die Flamme stets von Neuem zu entzünden, als Zeichen des ewigen Lichts.

Koulourákia me sousámi

Sesamkringel

Für 10 Kringel

200 g heller Sesam
500 g Mehl Type 550
½ TL Salz
2 EL Olivenöl
½ TL Zucker
20 g frische Hefe

Zubereitungszeit: 1 Stunde.
Ruhezeit: 50 Minuten

Das Mehl in eine Schüssel sieben, mit dem Salz mischen und das Olivenöl einrühren.

Zucker und Hefe in 300 Millimeter warmem Wasser auflösen und in die Mehlmischung einkneten, bis ein glatter Teig entstanden ist. Den Teig zugedeckt etwa 30 Minuten an einem warmen Ort gehen lassen.

Den Backofen auf 200 °C vorheizen.

Den Teig nochmals durchkneten, eventuell noch etwas Mehl dazugeben. Den Teig in zehn gleich große Portionen teilen und daraus Kringel formen. Den Sesam auf einen großen Teller geben. Die Teigkringel mit Wasser bepinseln und von allen Seiten im Sesam wälzen. Nochmals 20 Minuten zugedeckt gehen lassen.

Die Sesamkringel im heißen Ofen 15–20 Minuten knusprig braun backen.

Die Sesamkringel gehören zu den beliebtesten Zwischenmahlzeiten der Griechen, sie werden aber auch gerne als kleines Frühstück gegessen.
Oft gibt es sie auf Märkten oder in kleinen Wägen direkt an der Straße fertig zu kaufen.

Kourampiédes amigdálou

Mandelgebäck

Für etwa 45 Stück

125 g gehackte, geröstete Mandeln
250 g weiche Butter
1 Eigelb
100 g Zucker
Saft und abgeriebene Schale von 1 Bio-Orange
Mark von 1 Vanilleschote
500 g Mehl Type 405
½ Päckchen Backpulver
300 g Puderzucker

Zubereitungszeit: 1 Stunde 30 Minuten

Die Butter mit dem Eigelb und dem Zucker schaumig rühren. Die Mandeln, den Orangensaft, die Orangenschale und das Vanillemark unterrühren.

Zum Schluss das Mehl mit dem Backpulver vermischen und hinzugeben, alle Zutaten kurz miteinander verkneten. Nicht zu lange kneten, sonst werden die Plätzchen zu hart!

Den Backofen auf 180 °C vorheizen.

Den Teig zu flachen Kugeln oder Halbmonden formen, auf ein ungefettetes Backblech setzen und im heißen Ofen etwa 30 Minuten backen, bis die Plätzchen goldbraun sind.

Ein Backblech oder großes Tablett mit reichlich Puderzucker bestreuen, die noch warmen Plätzchen daraufgeben und mit einer Schicht Puderzucker bedecken. Die Plätzchen im Puderzucker abkühlen lassen.

Frappé
Eiskaffee

Für 1 Glas

1 ½ TL löslicher Kaffee
1 ½ TL Zucker
2–3 Eiswürfel
evtl. etwas Milch nach Geschmack

Zubereitungszeit: 5 Minuten

Den Kaffee, den Zucker, 2 Esslöffel Wasser und die Eiswürfel in einen Shaker geben.

Die Mischung schütteln, bis sich der Kaffee ganz aufgelöst hat und die Mischung richtig schön schäumt.

Erst jetzt nach Belieben die Milch zugeben und mit Wasser aufgießen. In ein hohes Glas füllen und eiskalt genießen.

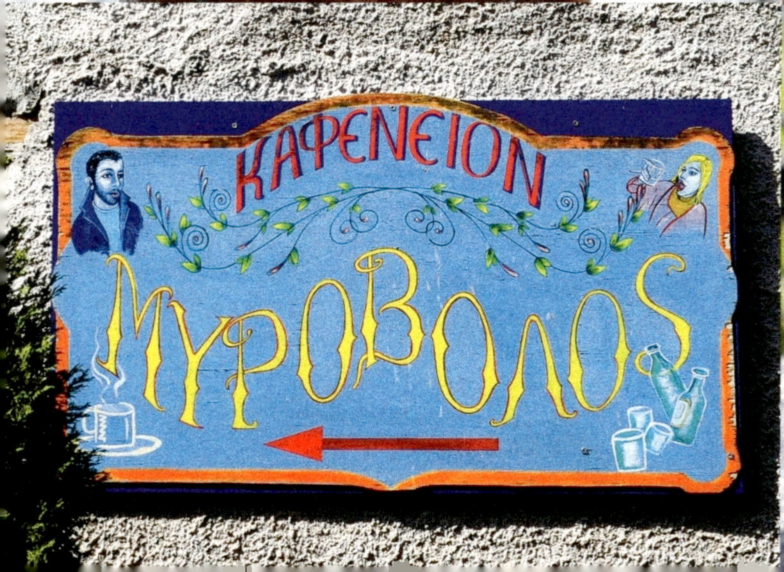
ΚΑΦΕΝΕΙΟΝ
ΜΥΡΟΒΟΛΟΣ

Bougátsa
Blätterteigkuchen mit Cremefüllung

Für 1 Backform (28 cm Durchmesser)

500 g Blätterteig
1 l Milch
10 EL Zucker
abgeriebene Schale von 1 Bio-Zitrone
5 Eier
130 g feiner Grieß
Mark von 1 Vanilleschote
150 g zerlassene Butter
2 EL Zitronensaft
Puderzucker zum Bestreuen

Zubereitungszeit: 1 Stunde 20 Minuten

Die Milch mit dem Zucker, der Zitronenschale und dem Vanillemark in einem Topf zum Kochen bringen. Den Grieß einrühren und quellen lassen. Sobald er etwas eingedickt ist, von der Herdplatte nehmen. Die Eier verquirlen und unter den Grießbrei heben. Sofort mit Frischhaltefolie abdecken, damit der Teig nicht klumpt.

Die Blätterteigplatten mit einem Nudelholz so ausrollen, dass sie etwas größer sind als die Backform. Die Hälfte des Blätterteigs Schicht für Schicht in die gut gefettete Form legen, dabei jedes Blatt einzeln mit Butter bepinseln.

Die Füllung gleichmäßig darauf verteilen, den Rest des Blätterteigs wieder Schicht für Schicht darauflegen, dabei ebenfalls jedes Blatt einzeln buttern.

Den Backofen auf 180 °C vorheizen.

Abstehende Teigränder nach innen klappen und mit der restlichen Butter bestreichen. Den Kuchen im heißen Ofen etwa 35 Minuten backen, bis die Oberfläche goldbraun ist.

Etwas abkühlen lassen, dann mit Puderzucker bestreuen. Warm oder kalt servieren.

Nóstos
Heimweh

Während meiner Kindheit fuhr ich jedes Jahr mit meiner Mutter in das kleine Dorf Vathilakkos. Ich freute mich schon Wochen vorher auf die lange Reise. Auch wenn die über 30 Stunden dauernde Fahrt im Zug voller fremder Menschen, meistens im engen Schlafwagenabteil, sehr anstrengend war, so überwog doch die Freude, endlich am Bahnhof in Thessaloniki anzukommen und vom Geruch der wohlig-warmen Luft empfangen zu werden. Meine ältere Schwester holte uns immer vom Bahnsteig ab und weiter ging es mit dem Überlandbus ins Dorf. Wegen der langen Reisezeit schien es mir als kleines Kind unendlich weit weg von meinem Zuhause in Deutschland zu sein. Zu jener Zeit wohnten wir in dem Haus meiner Oma, in dem schon meine Mutter und ihre Geschwister aufgewachsen waren. Jenes kleine, alte Bauernhaus, das bis heute noch dort steht und das zwei Weltkriege und einige Erdbeben trotz seiner einfachen Bauweise auf wundervolle Weise überdauert hat. Der obere Teil des Hauses war immer unser kleines Reich, die Wände ganz weiß gekalkt und schon etwas rissig an einigen Stellen. Die großen Betten aus alten, farbenfrohen Metallgestellen, die bei jeder Bewegung herrlich quietschten; und überall gab es viele selbst gestrickte Decken und Kissenhüllen in allen Farben dieser Welt. Zu meiner Freude schlichen manchmal die Katzen meiner Oma durch das kleine Fenster herein, wurden aber von meiner Mutter immer sogleich wieder verjagt. Jeden Morgen wurden wir durch den lautstarken Weckruf des Gockels aus dem Schlaf geholt. Dann saßen wir auf der Terrasse umgeben von einem Meer aus Blumen und Obstbäumen und frühstückten Brote, dick mit goldbraunem Honig bestrichen, und Bergtee. Da meine einzige Aufgabe darin bestand, die Eier der Hühner einzusammeln, hatte ich viel Zeit und saß oft mit meiner Oma auf ihrem Sofa in der Küchenstube und lauschte den spannenden Geschichten von früher – ihrem Leben. Später als Teenager war es mir, trotz der Freude, endlich wieder alle meine Verwandten um mich zu haben, oft zu öde und langweilig dort. Es gab ja nur die Hühner, die Schafe und eine karge, bergige Landschaft. Heute bin ich über jeden Moment froh, den ich als Kind dort erleben durfte. Die wilde Natur, die Bescheidenheit der Menschen und die Einfachheit des alltäglichen Lebens in meinem Dorf – unvorstellbar heute für mich, diesen Ort und meine Familie einmal für lange Zeit nicht zu besuchen. Es ist auch so viel einfacher geworden, man steigt ins Flugzeug und ist in wenigen Stunden da. Häufig kommen mein Kopf und mein Gefühl da gar nicht mit, und sobald ich wirklich für mich angekommen bin, muss ich auch schon wieder fort. Die Freude und die Trauer liegen dann sehr nah beieinander in viel zu kurzer Zeit.

Víssino glykó
Sauerkirschen in Sirup

Für 10–12 Portionen

1 kg Schattenmorellen
1 kg Zucker
1 Zitrone

Zubereitungszeit: 30 Minuten.
Ruhezeit: 1 Nacht

Die Kirschen waschen und entkernen, den Saft dabei auffangen.

Die Kirschen abwechselnd mit dem Zucker in einen großen Topf schichten. Den aufgefangenen Saft dazugeben. Über Nacht zugedeckt ziehen lassen.

100 Milliliter Wasser zu den Kirschen geben und das Ganze zum Kochen bringen. So lange kochen, bis die Masse dicklich wird. Die Zitrone auspressen und den Saft zum Schluss dazugeben.

Die Kirschen in heiß ausgewaschene Einmachgläser füllen und an einem kühlen Ort aufbewahren.

In Griechenland werden die Sauerkirschen in Sirup als Begrüßung für Gäste zu einem Glas Wasser gereicht.
Die Kirschen schmecken auch besonders gut zu Vanilleeis.

Tsái me króko

Safrantee

Für 4 Portionen

5 TL schwarzer Tee
6 Safranfäden
1 Prise gemahlener Kardamon
1 EL Rosenwasser

Zubereitungszeit: 10 Minuten

Den schwarzen Tee, die Safranfäden und den Kardamon in eine Kanne geben und mit 1 Liter heißem Wasser übergießen. 5 Minuten ziehen lassen, das Rosenwasser hinzugeben und den Tee heiß genießen.

Risógalo

Süßer Milchreis

Für 8 Portionen

250 g Rundkornreis
1 l Milch
60 g Zucker
Salz
½ TL gemahlener Kardamon
1 TL Zimtpulver
1 EL Rosenwasser
Zimtpulver zum Bestreuen

Zubereitungszeit: 40 Minuten

Die Milch mit dem Zucker, 1 Prise Salz, dem Kardamom und dem Zimt aufkochen lassen. Den Reis einrühren und bei kleiner Hitze etwa 30 Minuten zugedeckt unter gelegentlichem Rühren köcheln lassen, bis er eine cremige Konsistenz hat.

Zum Schluss das Rosenwasser unterrühren.

Den süßen Milchreis auf acht kleine Schälchen verteilen und abkühlen lassen. Vor dem Anrichten mit reichlich Zimt bestreuen.

Dazu passt selbst gemachtes Kompott aus Kirschen oder Pflaumen.

Loukoumádes

Hefebällchen mit Honig

Für 6–8 Personen

20 g Hefe
6 EL Honig
300 g Mehl Type 405
Salz
Sonnenblumenöl zum Ausbacken
6 EL Zucker
3 TL Zimtpulver
5 EL gehackte Walnüsse

Zubereitungszeit: 1 Stunde. Ruhezeit: etwa 2 Stunden

Das Mehl in einer Schüssel mit 1 Prise Salz vermengen. Die Hefe in ¼ Liter lauwarmem Wasser auflösen.

Eine kleine Mulde in das Mehl drücken, die Hefemischung hineingeben und alles zu einem glatten Teig kneten. Den Teig zugedeckt an einem warmen Ort gehen lassen, bis sich sein Volumen verdoppelt hat; sobald sich Bläschen an der Oberfläche bilden, ist er fertig.

Reichlich Öl in einem großen, hohen Topf stark erhitzen (etwa auf 170 °C). Aus dem Teig mit einem kalt abgespülten Esslöffel Kugeln abstechen und im heißen Fett goldgelb ausbraten. Mit dem Schaumlöffel herausheben und auf Küchenpapier entfetten.

Den Honig mit dem Zucker und etwas Wasser in einen Topf geben. Alles erhitzen, bis sich der Zucker auflöst und ein dicklicher Sirup entstanden ist. Den Sirup über die Hefebällchen geben. Mit dem Zimt und den gehackten Walnüssen bestreuen.

Dieses süße Honiggebäck schmeckt auch kalt sehr gut.

Ellinikós kafés

Griechischer Mokka

Für 2 Tassen

2 TL griechischer Mokka
2 TL Zucker

Zubereitungszeit: 10 Minuten

In einem Mokkakännchen 100 Milliliter Wasser (entspricht 2 Mokkatässchen) mit dem griechischen Mokka und dem Zucker vermischen. Unter Rühren auf dem Herd oder einem Gaskocher aufkochen lassen.

Sobald der Schaum aufsteigt, das Kännchen von der Herdplatte nehmen und den Kaffee in zwei Mokkatässchen gießen – er ist perfekt, wenn er eine feine Schaumkrone hat.

Dazu etwas Gebäck und ein Glas mit Wasser reichen.

Der Kaffeesatz bleibt in der Tasse und sollte nicht mitgetrunken werden. Die griechischen Mokkakännchen heißen übrigens *bríki.* Man kann den Mokka – nach Geschmack – auch ganz ohne oder mit mehr Zucker zubereiten.

Ellinikós

Griechischer Mokka

Das *kafeníon* ist ein traditionelles Kaffeehaus, in dem sich vor allem die Männer wohlfühlen. Hier kann man griechischen Mokka genießen; auch *oúzo*, *mezé*-Häppchen oder ein einfaches Tagesessen werden manchmal angeboten.

Selbst im kleinsten Ort gibt es mindestens ein *kafeníon*. Kaffeetrinken ist bei den Griechen, wie bei wohl fast allen Völkern, wichtiger Bestandteil der Kommunikation und Gemeinschaft. Es geht nicht nur um den Genuss des *ellinikós*, des griechischen Mokkas, er ist ein ständiger Begleiter vieler lebhafter und gerne auch lautstarker Diskussionen, die meist den Sinn oder die Sinnlosigkeiten dieser Welt zum Thema haben – also gerne auch die Politik.

Der *ellinikós* wird meist nach dem *mesiméri*, der Mittagsruhe in der größten Hitze des Tages, getrunken. Traditionell – wie bei uns im Dorf auch heute noch – sind Männer und Frauen getrennt: die Onkels gehen ins *kafeníon*, die Tanten sitzen auf ihren Terrassen bei frischem Gebäck. Während die Männer über Ernte, Arbeit und die große Weltpolitik heiß diskutieren, geht es bei den Frauen häufig um Essen, Rezepte, gemeinsames Kochen und Backen.

Der griechische Mokka wird – im Gegensatz zum arabischen – gar nicht gewürzt und nur wenig gesüßt getrunken. Basis für die Zubereitung ist sehr fein gemahlener Kaffee, der mit Wasser in einem langstieligen Kännchen, dem *bríki*, verrührt aufgekocht wird, bis der Schaum hochsteigt. Serviert wird er in kleinen, feinen Mokkatässchen, es wird immer ein Glas Wasser dazu gereicht und wenn man möchte, auch etwas süßes Gebäck.

Thermá efcharistó ...

Liebsten Dank ....

... meiner Mutter gilt mein besonderer Dank, ihr widme ich mein Buch. Sie gab mir die griechische Mentalität, die Sprache und natürlich die Liebe und die Freude am Kochen mit auf den Weg.

... dem ganzen Team vom Christian Verlag für die freundliche und herzliche Zusammenarbeit, das Vertrauen und die Freiräume für meine Bilder und Worte.
Hier sei Florentine Schwabbauer besonders erwähnt, die vom ersten Moment an mein Manuskript und das Buch geglaubt hat. Sabine Ammer und Katharina Lisson für die Betreuung und die Durchsicht der Rezepte und Texte und natürlich Cettina Vicenzino für die grafische Umsetzung meiner Arbeit.

... dem Mann an meiner Seite, Christoph, der die lange Entstehungsphase des Buches begleitet hat und viele meiner Launen tapfer ertrug.

... an meine Familie und die Menschen vor Ort, die mich bei diesem Buchprojekt unterstützt haben – besonders meiner Oma Sofía und meinen Tanten Asimína und Navsiká für ihre Hilfe und Unterstützung beim Zubereiten der Speisen.

... meinen Freunden Micha, Beate, Tina, Mehrdad und Loona, die mir auch in schwierigen Momenten mit Rat und Tat zur Seite standen und immer für mich da waren.

... Alexandra Kostakiotis und Pausanias Papageorgiou für ihre Hilfe bei der Durchsicht der griechischen Rezepttitel.

... und allen anderen, die an mich geglaubt und mir immer Mut und viel Kraft für dieses Projekt geschenkt haben.

Echt griechisch!
Rezeptverzeichnis

Lachaniká - Gemüse

Mezédes - Mezedes

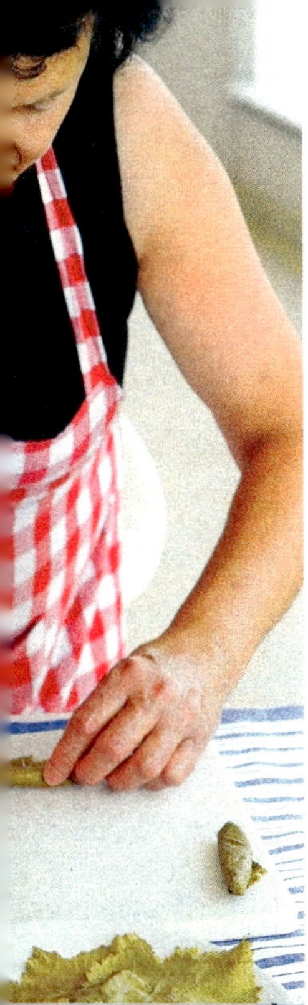

Psári - Fisch

Kréas - Fleisch

Glýka - Süßes

Ebenfalls erhältlich ...

ISBN 978-3-95961-281-4

80 sizilianische Familienrezepte einer echten »Mamma«, gesammelt, zubereitet und fotografiert von ihrer Tochter.